謹以此書獻給我摯愛的妻子——以琳

及所有讓愛散發光芒的人

原來，幸福離我那麼近！

【修訂版】

郭約瑟——著

原來，幸福離我那麼近！

| CONTENTS | 目錄

Part 2

愛與善良的信仰，就是幸福

Part 3

命運捉弄人？別掉入悲觀宿命的陷阱

Part 4

峰迴路轉，重返幸福旅程

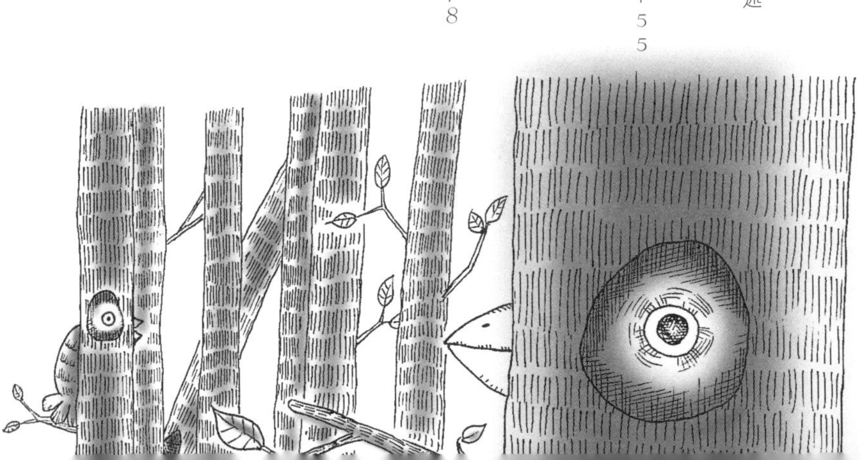

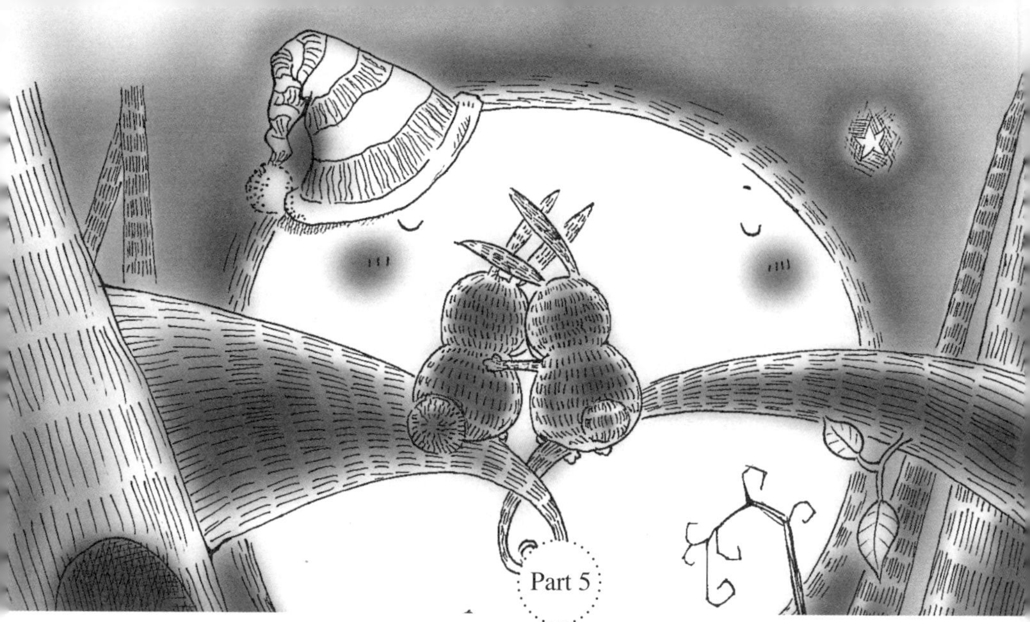

Part 5 愛是永不止息！一起來幸福吧

推薦序❶

幸福的滋味

文／林式穀（台北醫學大學醫學系兼任副教授
台北市立聯合醫院精神醫療部主任）

「老闆煮好菜後，坐下來與老婆、兩個孩子興高采烈地討論著。那是一只新買的書包，他們在研究這個塑膠書包到底有多少功能，花色如何豔彩，多個夾層是要放甚麼東西？結論是，那樣的價格買這樣的書包真是划算。四個人都滿意地微笑著，這就是幸福吧！」

這是三十幾年前，我在學校附近的路邊攤，一夥人吃晚餐時所看到的景象，這樣的畫面我一輩子都沒忘記。

幸福是甚麼呢？每個人多多少少都嘗過幸福的滋味，但是要保有幸福常常是難上加難。俗諺說人生不如意十之八九，快樂常常是短暫的，很快就過去了。但是不如意，也並不一定就不會幸福。「福」字拆起來就是「神賜一口田」，常常我們能保有一份工作，糊一口飯吃，就要感謝上帝，不得不幸福了。易言之，幸福是一種

原來，幸福離我那麼近！

感受，也是一種相對觀念的評量結果。所以幸福國家的排名調查，前幾名常常不是開發、富裕、先進的國家，反而是一些樂天知命的人們，更能體驗幸福的滋味。

郭約瑟醫師是幸福的，在書中他對兒童時期的自我描述，雖然不至於達到悲慘的程度，但也是我們大部分人未經歷過，甚或無法想像的。他的成長經驗是多麼的不同，終究他也體會到幸福的滋味，並且利用許多臨床案例的經驗，參酌多位先人，包括作家、心理學家與宗教家所流傳下來的啟示，寫出了他的幸福旅程。我想一位精神科醫師要討論幸福，現實層面他就會提出許多「不幸福」的例證。簡言之，會有許多不幸的故事當作我們的反面教材。幸運的是我們不必經歷這些不快，郭醫師像講故事般的娓娓道來，就像一道道精神饗宴，可以添食我們平淡的靈魂。

在人生的旅程當中，通常我們所無法掌控的因素較多。然而，在我們實際所能控制的各種變項當中，如何去評估並形成有利於幸福結果的決策，這樣的能力是我們可以養成的。這是一本勵志書籍，與坊間大部分的勵志書籍相較，它沒有使用教條來指導你怎麼去應付你的人生。然而細讀之後，它更會觸動你內心深處，激盪你的情緒，也能讓你品嚐細嚼自己應對壓力的思考與反應模式，從而潛移默化地影響你的思維模式與對抗技巧。作為郭醫師的長輩與同僚，我非常樂意推薦這本書。

推薦序❷

我要你／妳幸福

文／胡敏華（羅東高中主任輔導教師）

幸福，有很多人一直覺得很難定義，也很難感受。因為籠統、抽象、無處探索。是不是一種努力就可以到達的情緒狀態？會不會跟快樂或財富畫上等號？有沒有一種具體的方法或步驟可以找到幸福？

認識郭約瑟醫師有一段時間，一直認為他是個超級樂觀又積極的好醫師。因為常有機會跟他討論學校同學的狀況以及參與心理衛生讀書會，我從他細緻、有效率的剖析閱讀以及開朗坦誠的分享中發現，郭醫師有非常堅毅的耐力與意志力，因為在執業的過程中，我知道他克服了許多艱難與挫折，可是他充分跳脫負面的想法，試著用多元的觀點來看待自己的生活，也幫助我們用開闊的視野來看待學生的情緒與言行！他是如何做到的？

雖然約略了解郭醫師的童年對他的人格成長有諸多影響，透過閱讀這本書，我

原來，幸福離我那麼近！

似乎更懂了一些道理。

郭醫師從自己的生命故事出發，開放自己對於幸福的學習心得與大家分享，同時也關注診間裡曾經失去正向生活功能的朋友，詳細說明引發不幸福的陷阱與對治方法，原來幸福之所以難尋，有些是因為成長歷程中有許多創傷與挫折難以平復，原來幸福是可以透過一些具體的思考步驟學習而來。

讀完這本書，我的眼眶濕潤，耳邊響起一首歌，是盛噶仁波切《我要你幸福》——

我要你幸福　愛義無反顧　有勇氣就不怕心荒蕪　在每個轉彎後就有坦途
我要你幸福　愛不必停駐　寂寞偶爾會　在心口擺渡　我還能在懷念裡找到滿足

是啊，是愛、勇氣與智慧讓我們可以坦蕩地「走在幸福的路上」，當我們願意反省自己常常出現的負面想法，看看自己掉入哪些漏洞，同時不要避諱尋求家庭、親友、甚至信仰的協助，我們仍然可以坦然無懼的回到幸福的道路上，結伴同行。

推薦序❸

願更多人開創幸福的人生

文／陳永興（羅東聖母醫院院長）

幸福是什麼？每個人大概都可以有自己的定義，每個人的一生大概也都朝著追求幸福的方向在努力過活。

在本書中對幸福所下的定義是：「能將情緒狀態一直維持在正向情緒光譜範圍內的能力。」看起來就像是精神科醫師的用語。書中引述其他名人的幸福語錄也頗有值得參考之處，例如拿破崙的說法：「幸福是個人價值的最大發揮。」又如雨果說的：「降臨在人生的無上幸福，便是確信我們著實地被愛著。」又如愛因斯坦所說：「只有利他的生活才是值得過的生活。」而史懷哲說：「真正幸福的人，就是那些已經開始尋求並知道如何服務他人的人。」我自己蠻喜歡日本醫學人文大師日野原重明的幸福觀：「幸福是日常生活中隨處可發現內心的感動……路旁的小花……嬰兒的微笑，處處充滿了幸福。」

原來，幸福離我那麼近！

郭醫師在本書中很寶貴的介紹了有關幸福的心理研究報告，讓讀者了解幸福是可以學習自主控制的，要如何維持穩定且持久幸福的要素有那些？要如何以正確的態度去面對過去與未來，脫離過去的纏累，放下對未來的憂慮，可以真正專心一意活在當下，享受人生。書中探討如何創造生活的樂趣，如何管理負向的情緒，如何尋找生命的意義，除了有作者本身的親身體驗與生活經驗，也提供了不少精神醫學專業的知識和技巧可以讓讀者參考。

更難得的是作者還提供了靈性的典範，從不同宗教人物的見證當中，也從文學、藝術、醫療的人物當中，讓讀者體會幸福的秘密在於「愛人與被愛」的持續循環。最後書中還介紹了幸福的四大陷阱與治療的方案，結論仍然回歸到「因愛而得以完全」，強調愛的真諦與愛的力量，整個閱讀過程就像完成一趟人生幸福的旅程，最後讓讀者可以許自己一個幸福的願望。

我很樂於推薦本書，因為在這憂鬱的時代，如有更多人能來透視幸福的秘密，我相信這個社會可以有更多幸福的人，共同來創造幸福的人生。

推薦序❹

幸福人生的明燈

文／鍾昌宏（前羅東聖母醫院腫瘤科兼安寧病房主任醫師）

這是一本融合自傳、心理學、精神醫學與信仰的著作，成功地將幸福的各個層面做了完整的串聯。是目前台灣書市當中，相當特殊且經典的作品。

作者嘗試將幸福作為引子，帶領讀者逐步進入心理學的領域，探究有關幸福的心理研究成果、正向心理學對幸福的專門處方。並由愛與善良的信仰所帶出的典範人物，陪伴讀者漫步進入所謂幸福的四大陷阱，包括先入為主、重蹈覆轍、短視近利與自欺欺人。相對艱澀的認知心理學理論，藉由一個個靈活靈現的案例，讓讀者輕易地就能掌握這些陷阱的要義。

在書本的後半部，作者提出同理心、寬恕、夢想與盼望、懺悔等經典的人性美德，成為四大陷阱的拯救方案。這些美德可說是普世宗教信仰的最大公約數，作者巧妙地分析聖經當中膾炙人口的名言「愛的真諦」之後，完全呼應這些美德，於是作者寫出：「愛是一切問題的答案」這樣令人激賞的結論。

身為醫師／牧師，看到信仰的力量能夠幫助認識神的平凡人，展現不平凡的毅力與扭轉命運的韌性，作了良好的見證，覺得安慰。而能夠提早欣賞這樣稀有的佳作，則感到欣喜萬分。尤其在這個價值觀混亂的時代，作者能藉由心理學與信仰的角度，將傳統人性的美德端出來，讓這個時代的人都有機會重新省思自己的人生，到底偏離幸福與傳統美德的道路多遠？並且能藉由研讀此書，重新找到正確的努力方向。

最後，對於作者能將自己的身世與奮鬥的故事揭露出來，我相當佩服他的勇氣，也為這本書添加可讀性與可信度。

我誠摯地向各位讀者推薦這一本好書，相信它會為您與親友帶來莫大的幫助，也祝福你們都能與作者一樣，順利地踏上幸福的旅程。

修訂版序

為您點亮幸福的光芒

文／郭約瑟

人類從爬蟲類動物的『情緒腦』（邊緣系統，與情緒和逃生有關），演化出『理性腦』（大腦皮質），具備長期記憶、知識、邏輯與理智。這是地球演化史上的一件大事，於是人類得以主宰地球至今。只是，不管是在原始蠻荒時代、貧窮戰亂的恐懼年代、富裕繁榮的焦慮年代，還又近期經濟相對蕭條的憂鬱現代，地球上真正幸福的年代卻從未降臨。

有許多學者試圖從地球上最有愛心的人身上做研究，包括喇嘛、高僧、神父、修女或慈善家，希望找出他們的大腦到底和平凡人有何不同，結果發現他們的大腦真的有所不同。這些被稱為共鳴迴路的腦連結區，包括腦島、上顳葉區、鏡像神經元、中央前額葉區等組織，他們都呈現特別發達的功能狀態。而所謂共鳴迴路有兩個最重要的功能，一是整合大腦認知與情緒的能力，也就是理性與感性兼備的智慧；另一則是整合人際關係的同理心，即愛人如己與慈悲為懷的能力。

我把這些現象稱為人類演化的下一個目標，那就是要努力演化出完整的「智慧腦」，或稱為「幸福腦」，如果愈來愈多的地球人，都能順利演化出發達的智慧與愛人能力，那地球上的幸福年代，就有機會提早降臨。

時代更進步，但人卻變得更加忙碌且不幸福。或許我們都應該放慢腳步，好好思索這個道理。我就從診間接觸的病人思想起，他們都是一群陷入痛苦、不幸福的尋常百姓，除了針對他們精神疾病的診治之外，我是否可以協助他們開啟另一條希望的道路，於是「追求幸福」這個主題成為我關注的焦點。積極地追求與學習幸福之道，使得一般人有機會預防精神疾病的發生，也能成為精神疾病患者脫離痛苦的指引明燈。

畢竟在幸福的旅程當中，通常難以一路順風，總是崎嶇蜿蜒，甚至還須體驗諸多人生的痛苦。然而走過的這些都不是冤枉路，反而經過種種考驗之後，淬鍊出更強的韌性與耐力，更加珍惜得來不易的幸福與平安的日子。

本書就從**第一部**談幸福的定義開始，逐步揭開幸福的序曲。之後的章節則要詳細探討追求幸福的方法。以塞利格曼（Martin E.T. Seligman）教授所開出幸福的心理處方為基礎，加上心理研究文獻的探求，整理出學習幸福能力的心理方案。

第二部則多元呈現幸福的靈性意義，並向歷史上有名的靈性典範，學習追求幸福的要訣。**第三部**則引進吉伯特（Daniel Gilbert）教授所強調影響人類幸福的四大認知缺陷（心理盲點），並於**第四部**當中提出相應、適當的解決方案。**第五部**則要強調，幸福的旅程確實荊棘滿佈，但藉由親友、甚至是信仰的愛，我們就可以坦然無懼，勇敢地走在幸福的路上，見證愛的真諦與力量，因為我們深深知道一切的人生問題，都是「因愛而得以完全」。

讀完全書，如果要用簡單的話語來表達幸福學習方法的精要，我可以列出五大原則，那就是「感恩、知足、謙和、慈悲、行善」——對他人一切的幫助與賞賜，心存感恩；知足，就是看清人類慾望無法滿足的本質，在持續改善生活環境的過程中，懂得設定人生的滿足點。

古文『滿招損、謙受益』，大學之道『知止定靜安慮得』，點出謙卑、平和的重要。當一個人心存感恩、知足、謙和，他自然就會明白自己所擁有的遠比需要的多出太多。於是面對苦難的普羅大眾，很自然就會生出慈愛、悲憫之心，然後就懂得將自己所多出來的，慷慨奉獻出去，行一切的善事。

藉由這種「被愛與愛人」的持續循環，這些環繞的正向能量能將當事人的情緒狀態維持在正面情緒光譜內，穩穩地鎖在幸福的氛圍當中。

本書能夠順利完成，除了要感謝妻子以琳的雙向互動之外，也要感謝生命中無數的恩人、伯樂與天使。因為你們，讓這本書所釋放出的幸福訊息得以完全。還要特別感謝林小鈴總編的慧眼，在最關鍵的時刻，獨排眾議，接受了這本書的出版。還有楊雅馨編輯，她為這本書的編輯付出許多的心力，也給了我許多的鼓勵與指導。

文中所提到的案例，多為仿臨床病情編造而成，若有真實案例在其中，其性別、年齡、病情內容也已經大幅度改寫，如仍有類似情節，也請見諒，畢竟本書目的僅在於社會教育，灌輸適當的幸福觀念。

Part 1

幸福心理學

鐫刻在你們身上的憂傷愈深，
你們能盛裝的歡樂愈多。
斟滿了美酒的杯盞，
難道不是曾在陶工爐火中鍛造的杯盞嗎？
撫平心弦的詩琴，
難道不是曾在木匠利刃下雕琢的木材嗎？

（歡樂與憂傷 Kahlil Gibran, 1883-1931）

第1章　幸福的旅程——每個人都可以找到自己的幸福之路

幸福，簡單來說就是：「能將情緒狀態一直維持在正向情緒光譜範圍內的能力。」

我出生在一個純樸、離山很近的鄉下，日子與一般的小孩過得並沒有什麼不同，爬樹、溪邊玩水、捕春蟬、灌蟋蟀，玩紙牌、橡皮筋、彈珠、賽陀螺，放牛、餵牛吃甘蔗葉、撿台糖小火車掉下的甘蔗，吃田鼠、啖蛇肉……這一切，應該都是鄉村童年最幸福的時光。

據母親及兄姊描述，性格不成熟、脾氣暴躁的父親，是家中的恐怖份子，稍不如意，就暴跳如雷，最常遭殃的是母親，然後就是家裡拉甘蔗車的老牛。老實說，我不太記得這些細節，或許這些暴力場景太過刺激，於是就被壓進潛意識當中，只因當時年紀小，承受不起這麼沉重的情緒傷害。

由於父親任性而為，早早敗光家產，以至於長期陷入財務困境，在我十二歲時，終於宣告破產，於是，這些暴力陰影的創痛，得以告終，但全家人卻得四散紛飛——因為父親必須四處躲債，只在偶然的機會才現身，帶著烤鳥串來探望他所疼愛的么兒，也就是我；母親回娘家居住，大哥北上求職，姊姊南下求學，而我則寄人籬下，與鄰居大哥同住，學習如何把書讀好。

六年的中學生活，都是在私立學校度過，是一個典型「斯巴達教育」體制的學校，每班籐條都備著一大把，一根比一根粗，鞭打聲不絕於耳。由於表現不差，通常我不會成為藤條下的受害者，但偶而也會受到波及——記得有一位老師突發奇想，採成績連坐法，希望成績好的學生協助拉抬成績差的學生，當成績差的學生成績退步，成績好的學生必須接受連帶處分，於是我就曾經被狠狠地修理這麼一次。我心想，老師處罰學生已經上癮，打過頭了，非得打遍所有的學生不可，還好最後老師及時踩了剎車，否則手心的淤青痕跡就沒有機會復原了。

雖然家中經濟清寒，但是靠著親戚接濟與母親努力地工作，我還能順利讀完國中，高中則在老校長的恩澤之下，免學雜費。中學六年同樣在創傷的環境下度過，只是直接受到創傷的大多是功課或品性表現不佳的同學們，而我則是慘狀的目擊者。

其實我也曾受到不少無妄之災，特別是國三時，我成為部分同學們精神霸凌的對象，每天一早上學，就會看到我的桌腳被打斷，於是我習慣帶一條童軍繩上學，不是想不開喔！而是每天得先綁好殘缺的桌腳，才能開始安心上課。還好最後老校長親自出馬，嚴厲地懲罰這批欺善怕惡的混混同學，我才能倖免於難，安然無恙地度過艱困的中學歲月。

雖然中學六年的經歷，如此地晦暗，但，我並沒有被擊垮，反而深深體會到必須更加地努力，才能突破困頓的家庭環境，勇敢地走出一條光明的道路，畢竟幸福掌握在我自己的手中。最終，靠著老校長的庇蔭、高中導師的循循善誘，我創造了校史的奇蹟，幸運地考上了台大醫學系；有了這個成功的經驗，讓我知道——皇天不負苦心人，只要不放棄希望，勇敢地夢想，都能找到自己的幸福之路。

創傷的童年經驗、困頓的家庭環境、嚴厲的中學生活、同學的霸凌事件，共同造就出我性格上的強韌特質；不放棄希望，堅持走出自己的幸福之路，創造佳績，也強化我的樂觀特質。

寄人籬下的生活，雖然辛酸，但是鄰居伯父的嚴格管教與鄰居大哥優秀的讀書榜樣，養成我彈性、勤奮的成功特質，讓我得以接受各式各樣的生活挑戰。這種種的生活逆境，反而更激發出成功的鬥志，並有機會培養出較為成熟的人格。

苦難的生活，背後往往是化妝的祝福。智慧的增長，都是透過生活中種種的困境，所淬煉出來的。然而，面對這些困境所帶來的的衝擊與創傷，結果會是耽溺於痛苦的深淵，而停滯不前。或是，沉潛蓄勢，隨後突破難關，航向另一段旅程。關鍵就在於，對幸福的正確認識與學習追求幸福的方法。

負向情緒語錄

語錄❶

「我自認為已經歷過世上所有可能的幸福情境，因此再也找不到活下去的目標。不缺錢、曾去過無數的國家旅行，有疼我的帥氣老公生活在一起。我不喜歡小孩、也不想生，研究所讀畢業了，嘗試去工作，但就是找不到快樂的理由。悶，低潮、想生氣，睡不著，甚至不想繼續活下去。」

這是一位憂鬱女子的心聲，即使她擁有不錯的生活環境、經歷、婚姻、工作、財富，但卻離幸福很遠。

語錄❷

「我博士班畢業之後，進入知名的電子公司工作，娶了能幹、美麗的老婆，但是我卻睡不著、全身痠痛，不想去上班。因為上班時，由於能力太強，很快就把所有的創意發揮出來，並完成工作，之後就覺得非常無聊，即使只空下十分鐘，我還是會感到非常焦躁不安。於是，我就選擇逃避上班，整天在家就只想睡覺，心情很差、有輕生的念頭。」

這位竹科新貴雖然擁有聰明才智、高學歷、美麗的老婆、以及令人羡慕的高所得，然而這些美好的條件，對他的幸福感來說，好像也沒有直接的貢獻。

語錄❸

「每天我面對的只有折磨，無時無刻不是痛苦，就是麻痺，一個人能忍受不快樂多久？……我並不期望自己能多留一會兒。我覺得自己是高尚的人，也可以對

別人很有貢獻。我相信我可以是一個醫術精湛、有同情心的醫師，擁有很成功的事業，但前提是我必須對工作之外的生活感到滿足（我想這是不可能的）……我的病是一場悲劇，可悲的是我無法戰勝病魔。」

這是一位完成自殺的醫師所留下的遺書所述，顯赫的頭銜、成功的事業，也不足以使他逃過憂鬱症與死神的網羅。

正向情緒語錄

語錄❶

「其實我再次罹患重度憂鬱症，那當然很不幸，但是我可以就醫，也可以恢復健康。沒錯，我很害怕自己的憂鬱症，但是我不要一直活在對它的恐懼當中，因為我知道信心有助於克服恐懼。如今我有信心能夠忍受自己的痛苦情緒。我相信即使我的憂鬱症復發，那也只是一時的，而我將能夠與它共處。」

有趣的是，跟上述諸位看似比較好命的人比起來，最後說這段話的，其實是一位因車禍而導致四肢癱瘓的中年人，算是最不幸而且理當會陷入絕境的人，結果他不僅活得很好，還是一位頗為活躍、積極治療他人心理疾苦的執業心理師，並藉由廣播、演講與著作，鼓舞了無數受創的心靈。

你的情緒光譜在哪一端？

「我想說明整個情況，但我的辭彙稀少，又不夠恰當，因為我必須使用人間有限的措辭來描述無法想像的喜樂、興奮、溫暖和全然的滿足。每個在場我所熟識的人都不斷地擁抱我、觸摸我、對我說話，出聲對我笑，並且讚美上帝，這一切好像持續了很久很久，而我樂此不疲。」

美國牧師唐．派普曾因重大車禍被宣告死亡長達九十分鐘，他宣稱在這段期間，曾經去到天堂門口，因而將待在天堂期間的感受，做了上述令人印象深刻的描述。然而，在他「復活」回到人間之後，那肢離破碎的身軀，足足讓他待在醫院當中長達十三個月，這期間他則說：「有時候憂鬱嚴重到讓我感覺到自己快要窒息，使得我回想起待在加護病房裡，因為肺部塌陷，接受呼吸治療的日子。只是現在，塌陷的不只是我的肺，還有我的心靈。沒有什麼比絕望更使人心靈枯乾的。日復一日、月復一月，沒有人可以告訴我，什麼時候才能復原，或者我還能復原嗎？結果，我就全然地陷入憂鬱當中。」「在我內心深處，有一股不可遏抑的怒氣，不僅是對醫護人員，也可能是對我自己。」

如果將正向情緒，由弱到強排列，我們可看到平靜（1分）、輕鬆（2分）、愉快（3分）、喜悅（4分）、期待（5分）、高興（6分）、快樂（7分）、得意（8分）、興奮（9分）、狂喜（10分），這樣如光譜般延續的表現，此現象稱為「**正向情緒光譜**」。

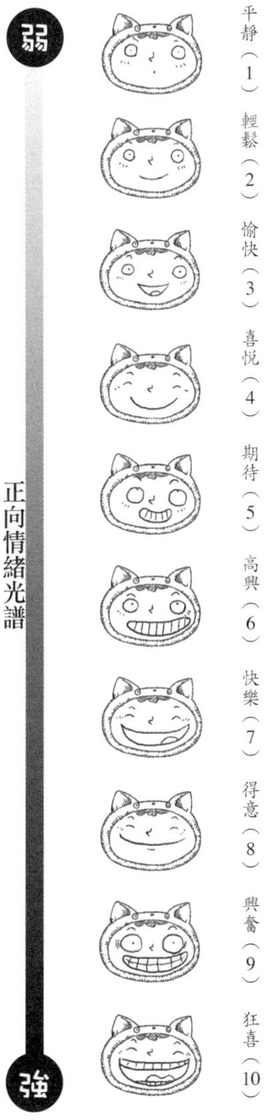

相對地，將負向情緒由弱到強排列——悶悶不樂（-1）、焦慮（-2）、憂鬱（-3）、挫折（-4）、擔心（-5）、緊張（-6）、急躁（-7）、害怕（-8）、恐懼（-9）、悲傷（-10）、生氣（-11）、憤怒（-12）、怨恨（-13），同樣如光譜般延續的表現，則稱為「**負向情緒光譜**」。

負向情緒光譜

於是我們可以清楚看到，如同派普牧師所描述的，在這段戲劇化的生命當中，他經歷了從正向情緒光譜最強的情緒、到負向情緒光譜最強的情緒，來回走了一遍，他如此生動地形容：「我經歷了天堂，現在返回人間，卻遭受著無法想像、如地獄般的折磨。」

一般人的情緒通常是在強度比較微弱、接近中間值的正向與負向情緒區間循環著，有時平靜、輕鬆、愉快，有時則悶悶不樂、焦慮與擔心。

但焦慮症（註①）及憂鬱症（註②）的患者，則相對長時間落在負向情緒光譜中浮沉，只能偶爾出現正向光譜的光芒，提供些許的溫暖。而躁鬱症（註③）的患者，在患病期間，就會像派普牧師一樣，情緒在天堂、人間與地獄之間，來回擺盪。

「幸福」意味維持正向情緒狀態

幸福，簡單來說就是：「能將情緒狀態一直維持在正向情緒光譜範圍內的能力。」

表面上，幸福意味著美好的情緒狀態（從平靜、輕鬆，到興奮、狂喜），但背後卻隱含特殊的能力，兩者密不可分。雖然處於多變的外在環境當中，這種能力可以讓身心功能維持在一種平衡與和諧的狀態。一旦能掌握幸福的能力，就能持續擁有幸福。即使一時跌入負向情緒光譜當中，幸福的能力就有辦法讓你順利回到幸福的軌道上。

相對地，當缺乏維持幸福的能力時，即使原本擁有相對較好的條件，也會讓自己持續陷入負向情緒光譜的狀態，只能讓負向情緒所左右，甚至痛不欲生。

肯定地說，**幸福是一種人人可以享受的美好情緒狀態，也是可以學習與擁有的能力，**而且就像上面所舉的許多例子當中，可以看出聰明才智、身體健康、家世背景、學歷、經歷、職業，甚至美貌、名車、豪宅、權勢與地位，都不見得能保障幸福。因為重要的不是這些外在的條件，而在於能否掌握維持幸福的關鍵能力，並巧妙地避開會摧毀幸福能力的諸多陷阱。

13位名人的幸福語錄

拿破崙肯定幸福的重要性：「幸福是個人價值的最大發揮。」

托爾斯泰認為幸福必然有特定的方法，他說：「幸福的家庭一個樣，但不幸的

家庭千萬種。」確實，只要努力，我們一定有機會找出前往幸福的共通道路。

易普生（Henrik Ibsen）輕看物質生活對幸福的貢獻，他說：「錢，能為你帶來食物，但不會給你帶來食慾；能為你帶來藥物，但不會給你帶來健康；能為你結識人，但不會給你帶來真正的朋友；能為你帶來僕人，但不會給你帶來信賴；能為你帶來歡愉的日子，但不會給你帶來真正的和平與幸福。」

蕭伯納也不認為環境因素可以限制一個人追求幸福的能力：「人往往將現況歸咎於環境因素，但我不相信環境因素這回事。那些出類拔萃的人會去找些他們所要的環境因素，如果找不到，他們會去創造他們所要的環境因素。」

幸福與個人的信念有密切關係，因此德國哲學家**漢柏德**說：「我愈來愈深信不疑的是，我們幸福與否，主要取決於面對生命中許多事件的方式，而非事件的本身。」

史蒂文生則強調：「假使你經常在心裡懷有想快快樂樂過日子的信念，那麼，你就可以成為一個歡樂多過憂傷的人。」

幸福最直接的感受來源，就是有人來愛你，所以**雨果**才說：「降臨在人生的無上幸福，便是確信我們著實地被愛著。」

而付出愛也可以是幸福重要的方法，於是**愛因斯坦**說「只有利他的生活才是值得過的生活。」

把生命奉獻給非洲的**史懷哲**說：「真正幸福的人，就是那些已經開始尋求並知道如何服務他人的人。」

當然彼此相愛，是雙重幸福的保證。所以**卓別林**說：「我們必須互助。我們希望藉他人的幸福生存，而非倚賴他人的不幸。」

深愛家族的**居禮夫人**則說：「家族的人互相緊密地連繫在一起，才真正是人世間唯一的幸福。」

愛是幸福的核心條件，因此**尼采**吶喊著：「人類的生命，不能以時間長短來衡量，心中充滿愛時，剎那即為永恆！」

而且重要的是，不傷害是幸福的前提，否則掠奪別人的快樂，來成就自己的幸福，是殘忍不人道的，於是**康德**嚴肅地說：「道德確實不是指導人們如何使自己幸福的教條，而是指導人們如何配得享有幸福的學說。」

從名人幸福語錄，透露出追求幸福的智慧，包括肯定幸福是個人價值最大發揮的成果，而且幸福確實有一定的方法可循，物質生活與環境條件都無法限制人對幸福的追求。更重要的是，幸福與否完全取決於當事人的信念與認定。被愛與愛人則是幸福最核心的要件，而幸福是以不傷害他人的道德限制為前提。

註①**焦慮症**：患者的情緒通常呈現不安與恐懼，常對現實生活中的事情或將來尚未發生的事情，表現出過分的擔憂，有時會毫無明確目標的擔憂或莫名的恐懼。
這類的擔憂往往與實際狀況的嚴重程度極不相稱，患者常感覺難以控制這些情緒與想法，並因而感到非常的痛苦。此外，還常伴有自律神經過度亢奮，肌肉緊張等，自律神經系統失調的症狀。
常見的焦慮症的細分類，包括廣泛性焦慮症、恐慌症、強迫症、畏懼症、社交焦慮症、創傷後壓力症候群等。

註②**憂鬱症**：典型的症狀包括：長期處於憂鬱的情緒當中，對之前感到有趣的活動失去興趣，極度的罪惡感，認為人生無價值、無意義，感到無助與絕望感，並因而自暴自棄。還會出現注意力難以集中和記憶力減退。也常出現社交畏懼與退縮、性慾降低，嚴重時還會出現自殺念頭或反覆想到死亡等。失眠也是常見的，特別容易早醒，有時也會出現嗜睡的現象。食慾降低、體重減輕也相當常見，有些女性則反而有食慾提升、體重增加的情況。此外，也常見一些身體症狀，如疲憊、頭痛和腸胃不適等。有時也會表現出躁動不安或動作遲緩。
常見的憂鬱症細分類，包括輕度憂鬱症（或稱精神官能性憂鬱症）、重度憂鬱症、適應障礙症合併憂鬱情緒，其他的還有產後憂鬱症、季節性憂鬱症等。

註③**躁鬱症**：躁鬱症大多發病於十七、十八歲左右，患者會不斷經歷躁與憂鬱兩種相反情緒、週期式地反覆出現，其強度與持續時間均大於一般人平時的情緒起伏。正因為病程當中有時躁、有時憂鬱，因此又被稱為雙極性情感疾病。
在「躁期」，患者會產生欣快的情緒，這類情緒可能被形容為興奮、充滿活力、滿足、狂喜、衝動等。此外，患者會表現出許多與欣快情緒相關的行為，包括自誇、精力旺盛、話多、性慾增加、睡眠需求減低，並因衝動強、自制能力減低而充滿危機。

在「憂鬱期」，則會感到憂鬱，包括悶悶不樂、情緒低落、失去平時的興趣、失眠、食慾減退、思考能力變差等，如果達到重度憂鬱症，則常出現輕生的念頭、甚至自殺行為。

第2章　幸福的心理處方——讓幸福成為大腦習慣的狀態

透過環境的改善、智慧的學習與成長、精練的自主控制能力，即使原本處於不幸福的基因設定範圍，也會在長期的薰陶與磨練之下，讓幸福成為大腦習慣的狀態。

從古今中外思想家看「幸福」

追溯幸福的心理研究歷史，應該從中國的思想家開始談起——

老子在《道德經》當中特別點出幸福人生的三寶：「吾有三寶，持而寶之；一曰慈，二曰儉，三曰不敢為天下先。慈故能勇，儉故能廣，不敢為天下先，故能成器長。」

當具足慈悲心時，就能呈現無懼、無畏、無私、無我的大勇，行事符合天道，必得庇祐。待人處世表現出自我約束、自律與謙卑的心態，因而能開闊胸襟、廣結善緣。勇於任事，卻不爭權奪利，而能持盈保泰。

孔子的名言：「學而時習之，不亦悅乎，有朋自遠方來，不亦樂乎。」

強調幸福的來源為求知與人際關係，在春秋時代，百姓難得就學，能夠求取知識，甚至因而功成名就，確屬一大樂事。呼朋引伴，自古至今，都是快樂的來源之一。

孟子曰：「仁之實，事親是也；義之實，從兄是也。智之實，知斯二者弗去是也；禮之實，節文斯二者是也；樂之實，樂斯二者，樂則生矣；生則惡可已也，惡可已，則不知足之蹈之、手之舞之。」

人性與心智是幸福的根基，仁愛與公義，從家庭出發，拓展至社會與國家，是最大的樂事。

原來，幸福離我那麼近！

莊子則說：「天下有至樂無有哉？……今俗之所為與其所樂，吾又未知樂之果樂邪，果不樂邪？吾觀夫俗之所樂，舉羣趣者，誙誙然如將不得已，而皆曰樂者，吾未之樂也，亦未之不樂也。果有樂無有哉？吾以無為誠樂矣，又俗之所大苦也。故曰：『至樂無樂，至譽無譽。』」

世俗都以為的快樂，他並不以為樂，而他以為的快樂，卻又是世俗中以為不快樂的事。由於樂的本身，必須要在真實的生命中才能體現，而藉著「無為」的功夫，才能「至樂無樂，至譽無譽」。去除了「相對性」的矛盾後，所留下來的，才是真正的樂。

此外，他也常強調幽默感的重要，一笑解千愁，讓我們從算計人生的牢籠當中暫時解脫。一旦脫離理性的限制，不再執著於人生的利弊得失，就能隨興所至，享受人生。

佛陀說：「苦海無邊，回頭是岸。」也強調長久幸福的重要性，教義的重點在於移除追求幸福路上的心智魔障，不要執著於人性的貪、嗔、癡，讓自己陷入無邊的苦境，並強調四聖諦與八正道是解除心魔的法門。

亞里斯多德說：「幸福操之在我。」強調幸福是人生核心的目標，而且必須透過仁義美德的修為，才能順利達到目的地。

馬斯洛發表「人類動機理論」，將人類的需求分成生理、安全、社會、尊重及自我實現等五大階級。

正好也是他對先賢們針對幸福心理學表述的綜合說明，從最低層級滿足基本的生理與安全需求，中階滿足社會人際與自尊需求，到最高階的心理需求，即自我實現，完整含蓋幸福的內在意涵。

首創意義治療法的精神科醫師**維克多．弗蘭克**認為：「人生的根本意義既非快樂，亦非權力，而在於超越自己，找到一個比自己目前更高的生活目標。權力只是達成目標的方法之一，而快樂則只是超越自己時所產生的副產品。因此，若把快樂本身當成目標，反而得不到快樂。只有追求一個超越自己的目標，才會得到真正的快樂與滿足。」

這相對是較為嚴肅的訴求，但為正處奮鬥期的人們，補給向上提升的動力。

絕對的幸福才是真正的幸福

幸福的相對論

有人將幸福分成兩類，相對的與絕對的——

「相對的幸福」，必須仰賴外在因素，如親人、朋友、家庭與外在環境、經濟條件，這也是我們常在渴望與追求的目標。雖然相對的幸福也是真實的，但通常不會持續太久，因為外在因素變化多端，一旦有利的因素轉變，幸福也瞬間消逝。

由於相對的幸福是基於與他人比較而產生的，例如我們比別人有錢、住好的房子、受好的教育，好像我們就會比較快樂。然而當我們又與條件比我們更好的人比較起來，嫉妒心又會把我們的幸福感給抵銷掉了。

「絕對的幸福」，存在於人的內心深處。當我們愈努力去學習與建造穩定的生命價值觀與能力之後，在我們內心深處就能形成堅固的堡壘，就不容易被外在環境的試鍊所打敗，這樣的堡壘也會成為我們喜樂的泉源。表面上看來是挫折與惱人的事件，卻往往成為催生我們心靈成長的力量。

絕對的幸福是逐日累積與建造的，因此，比較的對象不再是別人，而是我們自己，今天與昨天相比，明天又與今天相比，透過每天持續不斷的努力與成長，絕對幸福的能量與規模就會愈來愈大。

幸福感量表

中央大學陸洛教授設計了一份「中國人幸福感量表」，衡量的項目共有十三項，可以分成身體（身體健康與物質滿足共二項）、心理（樂觀、正向情感、掌控感、自我滿足、心理警覺、比別人好、樂天知命共七項）、人際社會（社會承諾、和諧親友關係、他人讚賞與工作成就共四項）等三大類。

這個量表成為研究華人地區幸福感相當具有代表性的衡量工具，希望據此進一步研究，找出與幸福相關的影響因子，並進而提出促進幸福的方法。由於量表當中心理因素佔評分項目超過一半以上，可見心理因素對幸福而言，扮演最重要的角

色。

其實身體及人際社會因素，也都必須透過心理的感受來呈現幸福感。這問卷的內容豐富，幾乎包含了其他研究調查問卷大部分的內容，不過也有人將信任感、安全感、生活的意義與目標、少有負向情緒等項目用在幸福感的量表當中。

幸福感的研究結果

關於幸福感的研究結果，與我們一般的認知與想像有所不同，例如通常我們認為大多數人過的並不幸福，對生活感到不滿意，但是，研究結果卻發現大部分的人自認為幸福，即使身處相對較差的環境。

此外，研究結果確實顯示財富、年齡、智商、外表迷人程度、父母的社經背景，與幸福程度並沒有明顯的相關性。只有好的社會連結網絡、已婚、滿意的工作及堅定的宗教信仰，與幸福感的提升有正向相關，但具有這些條件不必然保證就會擁有幸福。

研究顯示幸福感主要與個人對生活的主觀認知，以及經過與同儕團體比較之後而調整的結果有關。也就是說，重要的不是生活環境的好壞，而是當事人對環境的主觀認定最為重要。因此，再好的生活環境，也有人把它過得很苦（如很多明星或名人以自殺結束生命）；相對地，再差的生活環境，也有人能甘之如飴（許多癌症患者在罹病後，生命反而過得更充實）。

此外，同儕團體的相對比較也會決定幸福感的高低，當社區當中普遍生活條件都一樣不理想時，就像以前台灣農業社會時代，人們的心理機轉就會自動調整，因為大家過得差不多，反而較為安貧樂道。但是如果貧富差距過大，經過比較之後，相對就會加重不幸的感受，就像目前台灣的社會現狀。

擁有幸福感的四大條件

幸福感基本上也會隨時間而高低起伏，但是經過眾多研究之後，發現幸福感還是具有相當的穩定度，而且有一些重要的因素在背後支撐著。

研究指出，要享有長期而穩定的幸福感，有四種必備的條件——

一、要為自己的生活目標而努力（成就感）；

二、擁有親密關係（愛與被愛）；

三、從事能帶給身體感官快樂的活動（這些活動能持續帶來快感）；

四、享受心靈的喜樂（包括智慧的追求與宗教的信仰等）。

掌握幸福感的三項人格特質

在這些長期幸福感的條件背後，更重要的是要具備能創造與維持幸福感的能力，而這些能力的關鍵在於穩定與成熟的人格特質，特別是韌性、彈性與樂觀等三種與幸福息息相關的特質。

韌性就是當一個人面對惡劣環境或創傷事件之後，表現出正向的行為調適能力，不會輕易被擊倒或放棄的一種心理反應過程。

而**彈性**的意義，在於當我們無法達成既定目標時，經過一段心理調適期之後，我們可以選擇次要的目標，或接受較差的結果，並且事後也覺得滿意，畢竟人生不如意事十常八九，保持心理的彈性，知足常樂。

樂觀則是一種對行動或事件，傾向於認為會得到正面結果的一種心態或看法。樂觀者通常會認為人和事件本身都是好的，因此結局必然會導向最好的成果。另一方面，樂觀者認為，無論外在世界或環境如何變化，人都應該感覺愉快，因為所有發生的事情都會有好的一面。

幸福的心理處方

塞利格曼（Martin E.T. Seligman）教授對於幸福概念的推展，有著非常重大的貢獻，並且熱烈倡導「正向心理學」的概念，最終的目的，就是希望每個人都能了解幸福的奧秘，並學會維持幸福的能力。

因此他提出『Authentic Happiness（真實的快樂）』的概念，認為我們真正需要得到的，是一種「真實、穩定且持久」的幸福。無論我們身處何種環境，我們都能夠更幸福，感覺更滿足、更喜歡投入生活當中，去發掘更多生命的意義，擁有更多的希望，甚至更懂得歡笑。

藉由倡導這樣的概念，希望能把幸福的權利重新歸回到每個人的手中，並提供清楚的努力方向，讓每個人都有機會掌握幸福的要訣。

塞利格曼教授對如何獲得穩定且持久的幸福，開出如下的處方：

H（幸福）＝S（設定範圍）＋C（環境）＋V（自主控制）

H代表真實的幸福（authentic happiness），S代表設定範圍（set-point），C代表環境（circumstances），V代表自主控制（voluntary control）。也就是說，為

了獲得穩定且持久的幸福，我們不僅要努力將幸福感維持在較高的設定範圍（正向情緒光譜），也要適度地改善外在環境，更重要的是要學會如何自主控制的技巧。

幸福設定範圍——你的幸福程度如何？

我們每個人的潛意識當中，都有一個幸福的設定範圍，通常是由基因來設定，而且生下來就具備的，如同正常體溫維持在三十六到三十七度之間一般。

如果把幸福感的程度定為一到七，一是最不幸福，而七是最幸福，當一個人基因中的幸福設定範圍在二附近，而另一個人則是在六附近時，我們可以說前者可能天生是個不太幸福的人，後者則可能天生是個幸福的人。

根據大規模的研究結果指出，一般人的平均幸福程度在四點五。塞利格曼教授表示，雙胞胎和領養的基因研究指出，基因能解釋百分之五十的幸福感。面對這樣的研究[illegible]就可能同時出現樂觀與悲觀的看法，悲觀的人認為：「唉！出生就決定了[illegible]」樂觀的人則說：「幸好，還有一半可以努力。」

針對經歷生命重大事件的人所進行研究結果指出，不論是極快樂的事（中樂透），或極痛苦的事（四肢癱瘓），一開始的確會把幸福程度拉到兩個極端，但隨著日子一天天地過去之後，幸福程度通常會穩穩地回到過去基因所設定的範圍。針對離婚、喪偶者的諸多研究，同樣可以發現類似的現象，經歷這些創痛事件之前五年與之後五年比較，所處的幸福程度竟然相去不遠。

雖然基因的設定，讓幸福的設定點會穩定在一定的範圍內，但這只有一半的貢獻力。於是，原本幸福的基因設定，並非幸福的保證，如果沒有加以珍惜與維護，同樣會經由外在環境壓力不斷的重擊，與內在不穩定性格的摧殘，未受駕馭慾望的敗壞，甚至藥物、酒精、毒品的危害，而長期墜入不幸福的困境當中。

相對地，透過環境的改善、智慧的學習與成長、精練的自主控制能力，即使原本處於不幸福的基因設定範圍，也會在長期的薰陶與磨練之下，讓幸福成為大腦習慣的狀態。因此，無論如何，對幸福狀態的警覺，努力不懈地學習幸福之道，才是正確的生活方向。

外在環境只影響百分之八至十五的幸福感

我們從之前的描述與諸多研究報告可以看出，雖然外在條件與環境對幸福感的影響力並不大，但也不是全無影響。不過，如果將這些外在條件進一步分析，可以

原來，幸福離我那麼近！

清楚的發現，當基本需求沒有滿足之前，愈缺乏的人，愈不幸福；一旦基本需求滿足之後，即使再多的衣服、車子、房子、假期、教育，甚至再好的健康都無法提升幸福感。反而為了追求更多的物質享受、擔憂財富的增減、爭奪權勢與名聲，而過著忙碌不堪的生活，一再地犧牲家庭幸福、個人自由、甚至是自己的身心健康。

此外，也有研究報告指出，從收入的角度來說，平均年收入在一萬三千美金（新台幣四十五萬）以下的個人或國家，愈有錢者、就愈幸福；但是對平均年收入在一萬三千美金（新台幣四十五萬）以上者，收入的多寡就與幸福感完全不相干了。為了花更多的時間去管理對幸福感相關性不大的額外錢財，反而容易忽略對幸福的體驗與追求。

而前面曾提到有一些環境條件確實與幸福感有關，包括安全的社區、好的社會連結網絡、已婚、滿意的工作及堅定的宗教信仰等，都有助於提升幸福感。此外，失業、缺乏個人自由、慢性身體疾病、慢性疼痛及慢性精神疾病則會降低幸福感。

據眾多的研究共同指出，將上述種種因素合併起來考慮，外在條件與環境最多只能解釋百分之八至十五的幸福感，真是出乎一般人的意料之外。但是，這項因素卻為世人所過度看重，甚至有著嚴重的誤解，如果把所有生命與資源都投注於外在環境與條件的追求，對幸福的投資報酬率可能是極不划算的，值得世人深省。

特別這是一個崇尚奢華的時代，商人極盡所能地攻占媒體版面，催化人類物質慾望的無限遐想，所想到的只是產業或廠商的獲利，卻嚴重地扭曲世人的生命價值，也誤導世人追求幸福的方向。

學會自主控制技巧，就能擁有幸福感

聖經箴言強調：「你要保守你的心，勝過保守一切，因為一生的果效，都是由心所發出。」

達賴喇嘛則說：「只要透過心智訓練，幸福就是人人皆可達成的實質目標。但真實的幸福，並非來自外在的滿足，而是來自心靈的安頓與寧靜。」

除了期待父母的基因（佔百分之五十）能幸福一點之外，也希望父母能給予較好的家庭與社區環境，還要記得結婚、認真找工作、還要有適當的宗教信仰（共佔百分之八至十五）。但更重要的是，我們還有百分之三十五至四十二的機會能逆轉戰局、扭轉乾坤；關鍵就在於認真學習「自主控制技巧」，一旦能學會這些技巧，我們可能也有機會將自己的幸福感維持在較高的範圍（正向情緒光譜），扭轉基因

與環境的劣勢。

有句話說：「握有好牌的人，常常不是永遠的贏家；拿到爛牌的人，卻往往反敗為勝。」即使我們擁有懂得幸福的父母、良好的生活環境，但如果我們學不會這些自主控制技巧，同樣也會落入負向情緒光譜，白白浪費天生的好條件。

相對地，許多天生殘障的人們，包括盲人（如名聲樂家的**安德烈波伽利**）、四肢不健全（生下來就缺了四肢的**乙武洋匡**）、甚至腦性痲痺的人（**黃美廉博士**），他們都宣稱自己過得很幸福，只因為他們培養出韌性、彈性與樂觀的人格特質，他們通常不看自己所沒有的，也不會去嫉妒他人所有，反而非常珍惜自己所擁有的一切條件，這些生命勇士奮鬥不懈的精神，都是非常值得我們學習的對象。

德雷莎修女，出生於南歐阿爾巴尼亞，明明有非常好的家世背景，她大可以舒舒服服地享受人生，但她卻選擇當修女，而且自願遠度重洋到貧窮落後的印度去服務。甚至，她又不甘於修道院當中做一位好命的修女，選擇住進貧民窟當中，去與社會上最底層、流浪、貧病與瀕死的人住在一起，吃同樣的食物。

無論身處什麼樣的環境，只要有活人能過的生活，無論怎麼苦，她都能過，因為她深深懂得「穩定且持久的幸福」是什麼道理。她已經知道其中的奧秘，因為天主與她同在，這是天主要她做的事，她甘之如飴。就是這樣堅定不移的信念，讓她把天主的愛，帶到社會上最黑暗的地方發光發熱。

因此，獲得幸福的自主控制技巧總共有四大項，即是——

一、樂在生活（主動創造幸福的生活體驗）；

二、負向情緒管理；

三、追尋生命的意義（獲得長久幸福的方法）；

四、正視過去、現在與未來。

以下章節分別要介紹這四大項自主控制技巧，第3章將介紹創造生活樂趣的方法，也是累積正向能量最直接的方法，現代人往往過於忙碌，只是不斷地辛苦工作，忽略了生命中應有的享受與樂趣，無形中就把受苦當成了常態。真正可以放鬆與休閒的時候，反而持續被工作與壓力所佔滿。甚至許多人在退休後，不再受苦於工作之後，反而開始因生病而受苦。

要能維持在正向情緒光譜範圍內，難以避免的生活壓力所帶來的負向情緒，也必須適當的管理，絕不可以一味地壓抑，否則累積久了，一旦爆發，就會對當事人造成嚴重的身心傷害。因此，第4章就會好好介紹適當的情緒管理方法，並透過負

向情緒管理日誌與實際的案例，來學習解決問題、紓解情緒、最終引導至正向思考的經驗。

生命的意義在於追求幸福，第5章則詳細討論眾多研究幸福的文獻中，所共同提到維持穩定且持久幸福的要素，並提供追尋生命意義的方向與線索。第6章則要介紹如何以正確的態度去面對過去與未來，脫離過去的纏累，放下對未來的憂慮，真正可以專心一意地活在當下，享受人生。

第3章　樂在生活——主動創造幸福的生活體驗

知足常樂，就是看清人類慾望無法滿足的本質，在持續改善生活環境的過程中，懂得設定人生的滿足點，然後珍惜並盡情與所愛的人享受一切努力的所有。

在一個偶然的日子，與我的跟診護士瑪莉和司機大哥黑度，一同受邀到泰雅族某個偏遠的部落參加一個宴會；當天賓客共有二十位左右，來自全省各地。

迎賓的餐點是炭烤鮮香菇、灑上薄塩，非常地美味，現在想起來還依然垂涎三尺；之後呈上了部落最重要的飲料「小米酒」，我初次品嘗——很像可爾必斯合著加拿大冰酒的美味，好喝極了，一杯接著一杯，過去我的酒量算差的，但是，奇怪的很，明明已經喝了不少，卻一點都沒有醉意，心裏覺得這種酒非常適合我的體質飲用。

之後，又品嘗了不少具有特色的餐點，包括一片肥厚鮮美的羊排，口感超Q、香嫩、又有咬勁，真沒想到這麼荒郊野外的地方，竟然出現如此人間美味，久久無法忘懷。另外，還加上前一天所獵來的烤竹雞，所有的食材都是這個部落所餵養、種植與打獵得來的，這廚娘烹飪的技巧實在很高竿喔！

這一餐足足吃了四個小時，這其中還穿插著老闆、小開、廚娘的泰雅民謠與舞蹈，加上賓客隨性的吉他歌謠，在整個宴會中，視覺、聽覺、味覺、嗅覺、觸覺都得到極致的開放，舒暢無比。

老闆還特別介紹這小米酒的由來，這是泰雅族所開發出來特別品種的小米，在這個部落的土地上所種出來的，至於釀酒的技術則是向族裡最資深、頂尖的釀酒大師求來的，釀造過程千辛萬苦，必須全神貫注，將內心最真摯的情感用進釀酒的過程，才能釀出如此香醇可口的小米酒。

Ella Fitzgerald作詞並演唱的爵士名曲『Cheek to Cheek』，其中特別唱到『when we're out together dancing cheek to cheek』（當我們臉頰貼著臉頰一起跳著舞）時，讓人有如身置天堂一般的幸福。在這個部落饗宴中，也有一段相當迷人的插曲，那就是『drinking cheek to cheek』，任意兩個人，憑著信任與友誼，臉頰對著臉頰、嘴角連著嘴角，一起端著小米酒杯，讓兩張嘴同時喝下這杯小米酒，這是活動的最高潮，而且是在人際防衛完全撤除之後，才能做到的舉動。這個活動也讓現場幸福氣氛飄到最高點，並迴旋在部落的空中。

不久之後，我非常幸運取得資深師父原釀的小米酒半打，準備在家宴客用；原本只想拿兩瓶與這些賓客分享，沒想到當天氣氛特好，總共五對夫妻，在暢飲之後，欲罷不能，半打小米酒就這樣被乾啦，沒想到，這小米酒竟然醞釀出前所未有的熱絡情感。

過去，以往的固定聚會，通常是喝紅酒為主，有公賣局的紅麴葡萄酒、世界各國平價的紅酒，我記得聚會當中通常都會出現所謂的爐主，即每次總有一對夫妻在聚會當中，會將平常潛在的衝突情感隨性地表現出來，其他的夫妻則充當和事佬，通常都是有驚無險地度過。值得慶幸的是，每次聚會之後，該對爐主夫妻的感情就會大大地進步，甚至恩愛有加。

而這次宴會當中，不僅沒有出現爐主，大家還起鬨要各對夫妻在眾人面前表現出French Kiss（舌吻），其中四對大方地完成恩愛儀式。雖然在眾人起鬨之下，最後一對夫妻，仍因保守與怕羞，遲遲不肯就範，折騰到深夜之後，終於由敦厚的先生給太太一個cheek kiss（親臉頰）結尾。我心想這必然是小米酒作祟，讓愛情被撩起而一發不可收拾。這釀小米酒的師傅，必然是邊釀酒、邊想著熱戀的情人，進而把大量的費洛蒙給釀進小米酒當中了。

這些幸福的時刻，都需要刻意經營與安排，讓我們體會到幸福並不會只是白白

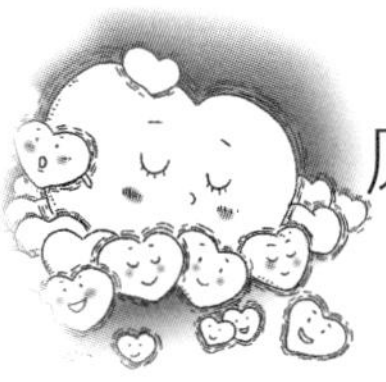

得來。因此，接下來就要從心理學角度來探討幸福的心理意義，並提供許多追求幸福的具體方案。

感受正向情緒

主動創造生活的樂趣，是學習自主控制技巧的第一步；建議可以學習書寫幸福日誌，特別是正向情緒光譜3分（愉快）以上的事件都應該詳細記錄。因為隨時可以記錄與提醒自己找到生活樂趣的方法，也許勤快記錄三個月後，你就可以找到幸福的一百種方法。

如果將正向情緒，由弱到強排列，我們可看到平靜（1分）、輕鬆（2分）、愉快（3分）、喜悅（4分）、期待（5分）、高興（6分）、快樂（7分）、得意（8分）、興奮（9分）、狂喜（10分），這樣如光譜般延續的表現，此現象稱為「**正向情緒光譜**」。

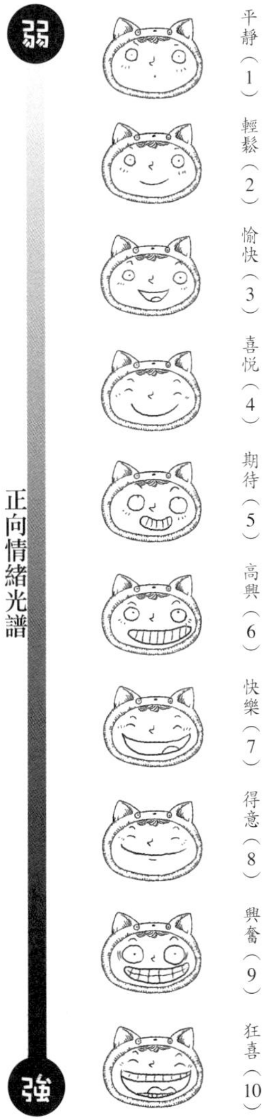

記錄的過程當中，也會隨時提醒自己去感受正向情緒對身心狀態的影響，讓這些正向情緒記憶能被強化地進入意識當中。

根據荷蘭阿姆斯特丹大學心理學教授尼科．弗里達所提出的「幸福不對稱論」，其實人類的大腦先天上是比較容易感受負向情緒，而且負向情緒持續時間相對較長。而正向情緒較容易消散，如果沒有被特別記憶、強化與珍惜，可能很快地就變成平淡、乏味。甚至有人研究指出負向情緒的影響力大過正向情緒的三倍，意即三倍以上的正向情緒能量才能抵消負向情緒對大腦的影響。相應而生的論點認為，負向情緒會自然產生，而幸福則必須努力才能獲得。

因此，我們更要學會品嘗與深刻體會正向情緒，並且牢牢地銘刻在我們的心版上，儲存在我們大腦的正向能量庫當中，以逐漸擴大正向情緒在整體大腦的影響力。即使在平凡的日常生活中，別忘了記錄生活中看似微不足道的樂趣，因為這些點滴的開心和滿足，就如同將正向能量存入大腦當中，一天天累積，就有機會消弭生活中負向能量的衝擊，讓大腦維持在幸福的感受當中。

記錄幸福日誌的好處，除了提升個人對幸福的敏感度之外，藉由記錄的過程，也能延長幸福的感受時間。一旦記錄成冊，隨時都可以被拿來閱覽，就能再次融入並感受當時幸福的種種情境。特別是在沉悶或情緒低落時期，也可能因閱讀幸福日

原來，幸福離我那麼近！

誌，而沖淡負向情緒的影響力。

以下段落中會分享幾則作者的幸福日誌，做為參考範例——

♥幸福日誌（一）

○年○月○日晚上○點

幸福指數：7（快樂）

事件：

製作甜品與家人共享

〔食材〕：

西洋梨兩顆、可爾必思150 c.c.、林鳳營鮮乳150c.c.、開水150c.c.、冰塊適量。

〔作法〕：

將吃軟不吃硬的西洋梨兩顆與可爾必思、林鳳營鮮乳、開水、冰塊等放入果汁機打碎即可。

〔感動分享〕：

一家五口享用後，每個人都笑了，直說簡直是「人間極品」。

將生活設定在幸福範圍的高點

一旦創造生活的樂趣成為習慣，我們就有機會穩穩地將情緒維持在正向情緒光譜的範圍內，至少是平靜或輕鬆。如果不小心，因為負面壓力事件、忙碌、挫折、擔心襲上心頭，我們也該保持警覺，想辦法，藉由運動（登山、打球、騎腳踏車）、放鬆活動（如散步、郊遊、找好朋友聊開心事、逗弄小孩或小狗等），讓自己放鬆下來。

如果事情確實麻煩難纏，則須找親友諮詢，適當紓解情緒，並盡快找出解決辦法。如果問題實在沒有辦法解決，也該學習將它放下，平靜地接受事實。如果能隨時保持對情緒的警覺，消除負向情緒的纏累，一旦習慣後，很快就能讓自己又回到正向情緒光譜的溫暖當中。

大腦的設計是容易習慣的，也許過去幾年大腦習慣於悶悶不樂、擔心、緊張、急躁、害怕，即使好不容易沒事，可以放鬆一下，但大腦卻很自然會去生活中找到繁瑣的小事，讓自己回到這種習慣的負向情緒光譜當中。

而一旦對自己的情緒保持警覺，並經過一段時間的練習，參考幸福日誌所記錄的事件，很自然就會找到增加幸福感的事來做或想，即使在煩亂的生活當中，也找

原來，幸福離我那麼近！

得到讓自己喘息、放鬆與平靜的機會。透過適當的學習，我們也有辦法做到讓大腦喜歡處於正向情緒光譜的好習慣。

歐諾黑在其名著《慢活》當中，倡導放慢腳步的重要性；他說：「在這個享樂年代，緩慢運動自有其市場王牌：散播喜樂。緩慢哲學的核心教義，就是放慢腳步，把事情做好，並藉此享受更多樂趣。」

❤ 幸福日誌（二）

○年○月○日晚上○點
幸福指數：6（高興）

事件：
休假與妻子帶著岳父母逛宜蘭武老坑綠色博覽會

簡單的孝心，幸福的感受

休假日最後一天，與妻子帶著岳父母一起出遊綠色博覽會，這是個陰天涼爽的日子。門口迎賓的是一串各式各樣園藝造景的鑰匙，並排在路旁，映入眼簾的就是高聳參天的鑰匙孔，由孔中看去，可以見到更巍峨的鑽石造型高塔，上面佇立著101大樓與艾菲爾鐵塔。接著幸福之門，就為我們敞開，世外桃源，盡收眼簾。一片五顏六色的花海，一群白鷺絲在花海上隨風搖曳，花田中遍佈各式各樣悠然自處的牛隻，令人心曠神怡的田園景緻。

之後，沿途欣賞製作單位精心安排的主題館，全都以「牛」為主題，有趣的是除了世界牛故事童話館、乳牛館之外，鐵牛、蝸牛，甚至「牛頓」都入列了，雖然有點突兀，但有趣就好。更重要的是，岳父母也玩得開心，並且我也把所有美麗的景致攝入相機當中，留待日後，慢慢欣賞。

簡單的孝心，幸福的感受。

的確，放慢腳步、享受樂趣，正是追求幸福的關鍵要素；雖然速度有時代表著效率，沒有速度與效率，這個世界會缺乏進步的動力，然而，「慢活」提供的是一種平衡的力量，讓速度有一定的節奏，有時快、有時慢、有時則不快不慢，那是一種不慌不忙的節奏。

事實上，在這個追求速度的時代，慢活也變成一種需要學習的能力。而「培養慢活能力」，以對抗超速生活的技巧，則包括靜坐、散步、登山、編織、園藝、瑜珈、氣功、繪畫、閱讀、飲茶、閒聊、泡澡、音樂欣賞…等。

知足常樂

悲觀大師叔本華針對慾望，說了一段經典的話語：「人類所有的努力都因需求或缺陷而來，因著對自己處境的不滿而努力。因此未獲得滿足之前，一切都是痛苦的。然而，沒有任何滿足能持久。相反地，所有的滿足都只不過是另一個努力的新起點。持續努力，卻處處都碰到障礙，永遠都需要掙扎、戰鬥，也因此永遠都是痛苦的。」

這看似悲觀的陳述，卻是切中人性的要害；慾望本身就是人性，慾望是人生真實存在的一部分，提供滿足與渴求的對象，也是人類進步的原動力之一。但它也是人類痛苦的根源，其特性就在於非常吸引人，卻也永遠無法滿足；人生成長過程，不分年齡，都會陷在這個問題上，而無法自拔。慾望本身必須受到尊重，也需要被清楚地認識，並不斷在犯錯的過程當中，學習自制，甚至有一天能夠駕馭。

有些心理學家們認為，影響人類幸福感最大的障礙，在於恐懼，包括對失落的恐懼（工作、配偶、小孩、關係）、對失敗的恐懼、對被排擠的恐懼，與對死亡的恐懼。

這些恐懼基本上可以分成三類——

一、生存；

二、恐懼擁有的不夠多；

三、恐懼自己不夠好。

如果恐懼成為生活的焦點，這三類的恐懼都會指向一個共同的目標，那就是物質生活的追求，而被當成最好的保護傘。

然而，再多的物質享受與擁有，總是不夠，如果缺乏內在心理與靈性的省思，反而會因為過度的物質慾望，而醞釀出更多破壞幸福生活的力量，包括爭權奪利、剝削（踩在別人的身上前進）、傷害（讓自己相對顯得較好），甚至成天活在這些恐懼與壓力的陰影之下，而讓幸福感無從浮現。甚且，這些破壞性的力量，會阻擋人類正向心理力量的產生，包括愛、同理心、熱情、善良等，這些正是催生內在絕對幸福感的核心要素。

知足，字義上是知道自己的滿足點，知道自己條件的極限，不要過度接近誘惑的訊息、開發自己的慾望或不切實際的幻想，不去嫉妒他人所有。知足的另一個意義就是要學會惜福，就是珍惜與享受自己的所有，而非將眼光盡放在自己的缺乏之上。

這道理看似簡單，但執行起來特難，因為我們從小就是生活在「比較」的文化當中——比成績、生活條件、外貌，比名牌、行頭，比工作、健康、配偶……人類從比較當中得到快樂，卻同時也得到痛苦。

比較也並非全是壞事，透過比較，讓人懂得更加勤奮，更為上進，也讓潛能盡情發揮。只是必須適可而止，否則沒完沒了的比較，就潛藏著人類無止境的慾望追逐，不得停歇，讓人生的真義迷失在其中。

簡而言之，知足常樂，就是看清人類慾望無法滿足的本質，在持續改善生活環境的過程中，懂得設定人生的滿足點，然後珍惜並盡情與所愛的人享受一切努力的所有。

幸福日誌（三）

○年○月○日晚上○點

幸福指數：8（得意）

事件：

與網球搭檔一起找高手對戰

薑是老的辣！

在球場上，遇見兩位年輕的網球好手，左右開弓，抽球精準而勇猛！面對如此強勁的對手，我就對搭檔說：「我們必須非常專注，雖然他們球技好，但我們經驗足，而且我們的心理素質與經驗比他們老到，只要發揮我們的最佳水準，還是有機會贏。」

我的搭檔很可愛，只要經過適當的鼓勵，就會信心大增；加上，我的球路很有特色，長調短切、左右切球力道可強可弱，足以迷惑對手，搭上信心十足時的搭檔，他的防守是非常穩定的，長抽、截擊是他的專長。

因此，在比賽開始之後，我們馬上找到了對手的弱點，並且做最猛烈的攻擊，由於對手非常懊惱於無法猜測我們的球路，信心幾乎崩潰。就在觀眾的加油聲中，我們以兩盤6：4、6：4，贏得最後勝利，完成不可能的任務。

網球賽後，羅東運動公園的風吹起來特別涼快，風景看起來也更加美麗，真是得意的一天。

第4章　情緒管理——利用正向想法來削弱負向情緒

一件事情本來就有許多面向可以思考與推敲，如果找到的正向想法愈多，就愈能削弱負向想法的強度與影響力，負向情緒自然就會消退，回復平靜與輕鬆的幸福感。

阿芬家境不錯，丈夫又是個老實人，雖然從商，卻很顧家，孩子也個個乖巧、功課表現良好。但是，每天把丈夫及孩子打理好，送他們入夢鄉之後，她便開始哭泣，哭到累才能入睡。這樣的美滿家庭，應該是女人所期盼的樣子，何來痛苦之有？原來阿芬從小是個醜小鴨，相對於姊姊的美貌，成為母親情緒虐待的對象。

「天下無不是之父母」這句名言，在阿芬心中，永遠都是個疑問！從小，從穿著、言行、學業、交友、用錢態度，沒有一件事情不是指責、就是批評，甚至是打罵。如果說，阿芬是個不聽話、叛逆的小孩，或許母親的打罵還有道理，但事實上，阿芬從小就是個乖巧、逆來順受、勤快的小孩。母親守寡多年，獨立養育孩子，雖也負責認真，但從來不知幸福是何種滋味。

原來，幸福離我那麼近！

雖然長大後也沒有變天鵝，但還是擁有美好的氣質，帶有一點淡淡的哀愁、內斂的表情。由於克勤克儉，贏得丈夫的心，順利結婚，得以離開母親，開始新的家庭生活。無奈過去母親所種下的痛苦種子，在結婚後，竟然一一萌芽，母親虐待的言語和畫面，每天不斷地出現在腦海當中，讓她即使擁有幸福的條件，卻必須以淚洗面。究其根源，在阿芬心中認為，如果得不到母親的讚賞與肯定，自己始終是個無用的人。

雖然結婚離家，但嫁得不遠，她還會定期回家，希望孝順母親，重新贏得讚賞；但一次又一次，母親給的都是冷淡的回應，甚是到相應不理的地步；因此回家一次，就是另一次傷害循環的開始。

有一次，阿芬陪著母親北上看病，在火車上有一段經典的對話；母親對她說：「你頭髮散成這樣，醜斃了！」於是阿芬把長髮綁成馬尾，結果母親又說：「你綁這樣，更難看！反正你就是真醜！」

母親不良的教養方式，是造成憂鬱症可能的原因之一；因此有一種認知理論，認為憂鬱症形成的過程如下——

1.早期生活經驗—姊妹競爭、父親死亡、過度嚴格的母親；

2.形成如下偏差的假設—我是不如人的、我的價值決定於別人對我的看法、除非我能依別人的需要做事否則我會被拒絕；

3.發生生活重大事件—如婚姻破碎、財務危機；

4.就會啟動潛在的負向自動思考模組（或稱為毒性信念）—我真笨、都是我的錯、我把所有的事情都搞砸了、我無法掌握我的生活、我會永遠失敗；

5.進入憂鬱症的網羅。

負向情緒光譜當中的情緒可以被分成憂鬱（悶悶不樂、憂鬱、挫折、悲傷）、焦慮（焦慮、擔心、緊張、急躁、害怕、恐懼）、憤怒（生氣、憤怒、怨恨）等三大類。

悶悶不樂（-1分）、焦慮（-2分）、憂鬱（-3分）、挫折（-4分）、擔心（-5分）、緊張（-6分）、急躁（-7分）、害怕（-8分）、恐懼（-9分）、悲傷（-10分）、生氣（-11分）、憤怒（-12分）、怨恨（-13分）

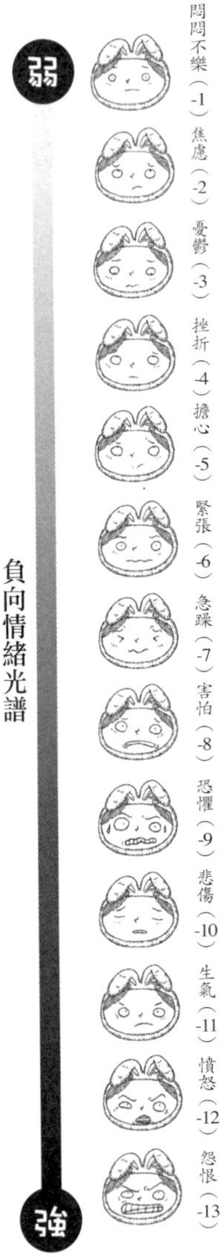

負向情緒光譜

如果深陷在負向情緒光譜當中，是你難以解除的習慣，你有可能必須尋找專業的心理從業人員，協助你循序漸進地，學會負向情緒管理的能力與技巧，特別是焦慮管理、憂鬱管理與憤怒管理。

負向情緒管理日誌

首先，必須試著去感受自己的負向情緒，並學習書寫「負向情緒管理日誌」。負向情緒管理日誌的記載方式與幸福日誌稍有不同，我們可以把三種負向情緒分開記錄；例如——

·焦慮情緒強度：

焦慮①分　擔心②分　緊張③分　急躁④分　害怕⑤分　恐懼⑥分

·憂鬱情緒強度：

悶悶不樂①分　憂鬱②分　挫折③分　悲傷④分

·憤怒情緒強度：

生氣①分　憤怒②分　怨恨③分

由於這三類負向情緒起因有所不同，管理的方式也有所不同，因此分開記載的好處，一方面學會覺察不同情緒的屬性，另一方面也學會分辨感受情緒的強度。而負向情緒管理日誌書寫的目的，也在於要找出負向情緒背後的前因後果，即發生了什麼事件，心裏是如何想，才會導致何種負向情緒，以及因這負向的情緒所衍生種種的負向行為等。

情緒管理過程，除了針對情緒適當紓解與宣洩之外，通常就會針對想法做進一步的探討，找出負向想法的來由，並且努力找出對於所發生事件其他可能的想法，特別是自己較少想到的正向想法。一件事情本來就有許多面向可以思考與推敲，如果找到的正向想法愈多，就愈能削弱負向想法的強度與影響力，負向情緒自然就會消退，回復平靜與輕鬆的幸福感。

最好也能藉由適當的學習之後，自己也能積極尋找正向想法，或者與親友討論他們對這類的負向事件還有哪些正向的意見，可以提供給自己參考與記錄。

將負向情緒記錄下來的過程，會減緩思考的速度，不會讓強烈的負向情緒帶著思考流程四處亂竄。並且藉由外在視覺的方式，帶領自己去審視大腦中情緒、相關的信念與思考的邏輯，從而領略內在潛意識的運作模式，進而發現內在的心理盲點，讓自己有機會找出破解的方法。

原來，幸福離我那麼近！

以下也會分享幾則作者的負向情緒管理日誌，作為參考案例。

焦慮情緒管理

常用的焦慮管理方法分成五種，即**放鬆訓練**、**呼吸訓練**、**正向思考與自我對話**、**自我肯定訓練及思考中斷法等**。

其中「放鬆」與「呼吸訓練」是要紓解負向情緒帶來的身體或神經緊張，藉由身體的放鬆，回饋給大腦放鬆的訊息，可以間接抵消部分的負向情緒強度。放鬆訓練的方法，是藉著循序漸進的肌肉放鬆練習，協助自己控制本身的焦慮和恐懼。而呼吸練習則藉由緩慢腹式呼吸法（深呼吸之後感覺到小腹向前突），來幫助自己放鬆下來，並解除因為壓力所產生的身體緊張狀態。

最核心的焦慮管理方法，還是要去面對產生焦慮的負向想法，常用的三種方式如下——

一、正面的思考和自我對話：學習如何去改變負向的思考內容（如：我覺得我一定會失敗），而以較正向的想法來代替（如：我想我可以試試看）。

二、藉由自我肯定訓練：學習如何適當的表現自己的觀點、情緒和期望，不是去疏離他人，或逃避，藉由實際演練的方式，學習表達出自信的看法與說辭（如：這事情分析起來並不難，我相信自己有機會可以克服），不再輕易陷入不安與焦慮。

三、思考中斷法：當意志力不足以面對負向想法，或負向想法過於強烈而且不斷侵襲時，馬上利用另一個念頭、轉移話題、離開現場或找開心的事情，來轉移自己的注意力，也算迂迴戰術或緩兵之計。

這種注意力轉移的方法也適用於其他負向情緒的處理，特別是這些情緒對大腦纏繞、揮之不去時，通常可以準備以下三種讓自己容易轉移注意力與思緒的方法——

一、去回想某件讓自己會覺得很受吸引、很願意深思的事物（情人、美景、宗教人物、過去的成就等）；

二、去思考某件能帶給自己極大樂趣的事（幸福日誌中愉快的事）；

三、思考某件未來會很想做的事（聖誕大餐、腳踏車環島之旅、海濱度假等）。

憂鬱情緒管理

除了與焦慮情緒管理一樣，藉由肌肉放鬆、呼吸訓練來紓解憂鬱情緒給身體帶來的負擔之外，憂鬱管理最重要的步驟還是要直接去面對引發憂鬱情緒的悲觀念

情緒管理日誌（一）

○年○月○日
焦慮：急躁（4）

事件：
指導教授要我幫他將合作的論文製作簡報檔，當成他的教學檔案。

想法：
我有好多事做不完（寫文章、醫院評鑑校稿、寫評估報告）、每天行程滿檔。

情緒：
緊張、急躁、煩。

行為：
坐立不安、胃酸過多。

正向想法：
1.這是回報指導教授大力幫忙的好方法，而且教授指導論文也花很多的時間。
2.做這件事對我來說並不難。
3.我應該把這些繁瑣的事排出重要次序，而教授的事應排在首位。

結果：
經過這些正向想法的對抗之後，我的負向情緒消除，而且在一個小時內完成作業，並寄出教學檔案。

頭。

首先，將憂鬱情緒，視為一種求助訊號（愛的呼喚），或是一種智慧不足的吶喊（智慧的渴求），是成長的契機，是危機也是轉機，不要讓憂鬱情緒輕易擊垮你的信心。

憂鬱管理，也有人稱為「學習樂觀」，最常運用的，就是所謂的**理性情緒療法（ABCDE法則）**，類似上述負向情緒管理日誌所記載的方法，確認不愉快事件（A, adversity），找出自己內心負向的信念（B, belief），記錄不愉快的後果（C, consequences），即憂鬱與相應於憂鬱所採取的負向行為。再來，就是找出不同於上述負向信念的觀點，特別是正向的想法，愈多愈好，來反駁與

確認不愉快事件（A, adversity）

↓

找出自己內心負向的信念（B, belief）

↓

記錄不愉快的後果（C, consequences）

↓

反駁與抵消負向信念與情緒（D, disputation）

↓

鼓勵並獎勵自己（E, encouragement）

理性情緒療法

原來，幸福離我那麼近！

抵消負向信念與情緒（D, disputation），當完成上述步驟之後，憂鬱情緒強度通常會因而明顯降低，甚至消除。

如果憂鬱情緒沒有因為這樣的步驟而改變，很可能是方法錯誤，或是在你腦中無法找到足夠的正向信念，這時就一定需要心理專業人士的幫助，甚至需要接受適當的藥物治療。

而當這些方法奏效之後，我們就可以把這樣的想法一再地審視、記憶與

情緒管理日誌（二）

○年○月○日

憂鬱：挫折（3）

事件：
醫院評鑑，被評鑑委員批得一文不值。

想法：
做了十幾年的精神科醫師，還要被這麼羞辱，是不是我真的這麼差勁？

情緒：
挫折、痛苦。

行為：
失眠、疲憊、不想出門、不想說話。

正向想法：
1.我自問十幾年來對病患盡心盡力，總是為病人設想。
2.雖然我並沒有積極從事研究與教學，但是臨床上我還算努力且認真。
3.聽說評鑑委員罹患癌症且是末期，評鑑當中也自己透露與女兒的激烈衝突，以至於將自己的負向情緒傾洩到所接觸到任何人。
4.接受評鑑終究是好的，因為委員所提的改善建議並非全無道理，被批評、指教，代表自己還有很大的成長空間，應該能夠謙卑以對。

結果：
經過這些正向想法的對抗之後，我的負向情緒消除，在兩週內恢復平靜。

記錄，並且鼓勵自己完成這樣的步驟，給予自己獎勵（E, encouragement）、並增加幸福感的活動。

而這些心理成長的記錄，必須妥善保存，因為持續努力之後，你也會發現自己擁有消除憂鬱情緒的一百種方法。

憤怒情緒管理

憤怒情緒是屬於身體最強烈的負向情緒，因此通常對身體的傷害最大，特別容易造成心臟血管疾病。而憤怒情緒如果沒有適當管理，其後果包括對人際關係的傷害，甚至會造成他人的傷害、惹上官司。不過，憤怒基本上也是人正常情緒表現的一種形式，只要我們能清楚覺察、認識與適當管理，同樣也有辦法駕馭這頭內心的猛獸。

首先，我們要能**清楚覺察憤怒出現的前兆**，特別是身體所發出的訊息，當心跳加快、肌肉緊張、咬緊牙根、呼吸急促的時候，就是憤怒的反應。要小心的是，無法專心工作、坐立難安、頻尿、失眠等行為表現，也可能是生悶氣的徵兆。

其次，**要明白憤怒是負向情緒光譜中最強烈的情緒群組，如果稍有不慎，就可**

能一發不可收拾。因此藉由覺察身體徵兆之後，就要進行「暫時抽離」，特別是發現自己可能無法控制或保持冷靜時，最好暫時離開現場，出去散散步，放鬆每一根手指頭與肌肉，同時轉移注意力，避免鑽入牛角尖，或做深層的「方塊呼吸法」，就是以腹式呼吸法，吸、停、吐、停各四秒來放鬆緊繃的身體。

依人體神經生理學研究結果顯示，人類受強烈負向情緒衝擊時，經過接收、神經與內分泌激發、刺激貫穿體內、然後完全從血液中消失、神經系統平息等流程的生理反應，通常不會超過九十秒。因此，九十秒的危險期一過，是否繼續受此情緒控制，決定權在於自己心理上的選擇。

第三，**要記得第一時間滅火**，在憤怒初期就能清楚明白地向對方表達自己的立場，或是能要求對方將意思表達清楚，不要輕易下定論，通常憤怒都是出於雙方溝通不良所造成的。藉由「用愛心，說誠實話」，表達善意，讓雙方的立場都能充分說明。由於負向情緒本身就會扭曲我們的認知功能，特別是憤怒情緒一發動，就只會強化對方的錯誤，而忽略自己的問題，因此必須在憤怒情緒發作之前做好溝通。當然，表達時也要注意時機，飢餓、疲憊、工作勞累，或是經過長時間塞車等身心狀況不佳的時候，都不是溝通的好時機，寧願暫時離開現場，等氣消了，再找機會耐心溝通。

第四，**清除憤怒的火藥庫**，對於憤怒做了當下處理之後，事後的反思配套功課更是不可少。為什麼我會這樣生氣？生氣的當時，在腦中突然閃過的念頭是什麼？最好鉅細靡遺地寫下當天憤怒相關的所有想法，憤怒不會無來由發生，找出負向的想法、前因後果，才能避免下一次的衝突場面。

如果憤怒已經成為常態，那表示自己心中必然潛藏著無數的「未解決的問題」與壓抑的「憤怒情緒」。其實這是非常危險的狀態，因為我們可能不自覺地就把潛藏的憤怒發洩在無辜的人身上，明明是件小事，卻暴跳如雷。因此，同樣必須藉由心理專業人士的協助，一步步地找出生命中潛藏的幽暗角落，徹底檢討，把憤怒火藥庫給清空。

第五，**積極找出正向想法**，憤怒的主要原因通常包括感受到被威脅、傷害與誤解，受到不公平對待、處事原則被冒犯，或原本的期待落空。「山不轉路轉、路不轉人轉」，要脫離憤怒的泥沼，最根本的方法還是在於「轉移念頭」，徹底打破思考的盲點。說來困難，但有時卻又顯得簡單，瞬間一個念頭的翻轉，就可能由地獄轉向天堂，這是每個人畢生都應該修煉的功課。

第5章 追尋生命的意義——獲得長久幸福的方法

在追求個人幸福的過程，要謹記負責任是人一生中最重要的守則與主軸，才不至於迷失而傷害無辜的親友或社會。

童年時期，生命的意義就在於玩樂，不管家庭環境好壞，每天想到的就是與鄰居小孩遊戲、同樂，最好每天玩到夕陽西下，即便被母親擰著耳朵，也不能罷休。青少年時期，生命的意義在於求知，應付每天的考試，以考上好的學校，確保不會被社會淘汰。上大學後，生命的意義除了扎實的專業學習之外，就在於追尋浪漫的愛情，從每位接觸女孩當中，尋找幸福的悸動。

大學畢業之後，生命的意義在於建立美滿的家庭，還有積極投入穩定的工作環境。一旦功成名就之後，中年危機也開始現身，生命的意義可能會迷失於名牌、名車、豪宅與外遇激情的追逐，甚至是名利與權勢的爭鬥當中。不幸跌倒之後，相對獲得對生命意義的重新反思，終於體會到生命的意義在於知足常樂，自私是一條死胡同，樂善好施才能修成正果。

步入老年之後，藉由靈性的探索與宗教的洗滌，生命的意義在於獲得永生的盼望，看盡一切繁華如煙，超脫疾勞病苦，平靜安祥是最美麗的休止符。

從死亡集中營倖存的精神科醫師**弗蘭克**認為：「生命的意義因人而異，因日而異，甚至因時而異……而『負責任（responsibleness）』是人類存在最重要的本質。」

這「負責任」說得真好，無論處在生命的那個階段，安分守己，從依賴到獨立，從獨立自守到照顧甜蜜的負擔，甚至犧牲奉獻於社會，最終則安於老年。在追求個人幸福的過程，要謹記負責任是人一生中最重要的守則與主軸，才不至於迷失而傷害無辜的親友或社會。

達賴喇嘛則強調：「生命的意義，就在於追求幸福。」無論生命中各個階段所在意的是什麼，其最終目的都在於追求幸福，而且是真實與穩定的幸福。他進一步說：「達到幸福的方法無他，祕訣在於果斷、努力與時間。」

《維基百科》針對生命的意義，所提到的普遍信念，包括取得成就、獲取智慧及知識、提升精神層次（愛人與被愛）、屬靈的提升（宗教信仰）。

而經過全世界眾多的社會及心理專家針對「獲得長久幸福的方法」所進行的研究文獻回顧，得到的結論如下——

一、要為自己的生活目標而努力（成就感）；
二、擁有親密關係（愛與被愛）；
三、從事能帶給身體感官快樂的活動（這些活動能持續帶來快感）；
四、享受心靈的喜樂（包括智慧的追求與宗教的信仰等）。

上述四點與《維基百科》所記載「生命的意義」的內容相去不遠，可見這些是生命的意義中普遍被接受的內涵。

以下則分別介紹這些內容，並以親身的經歷來解釋相關要素的意義。

要為自己的生活目標而努力

成就感是對自己所做事情的主觀認定，也是自信的一種表現。你可能設定從事積極生產性的工作，有豐厚的收入、有地位、有權勢，當成你的生活目標，甚至要有名車、住豪宅，人生才算成功。但是，從上述諸多的研究結果顯示外在條件與環境只能解釋百分之八至十五的幸福感，只要基本的生活需求（真正的需要）被滿足之後，追求再多的物質條件（只是想要、慾望的作祟），都無法讓你更幸福一些。因此，生活目標不見得非得設定在提升物質條件上。很多擁有豐厚物質條件的人，最後都因心靈空虛，而感受不到真正的幸福。

生活目標的設定，只要能帶來主觀認定的成就感，都可以感到滿足與幸福。包括樂善助人的志工、做好家事、帶好孩子、隨時隨地幫助與鼓勵他人，協助他人解決問題，陪伴他人度過生命的幽谷，這種種的活動，都可以是成就感的來源。

一般人也常使用外在的成就來評斷別人，認為財富、工作與地位是衡量人最重要的標準，其實也會造成人的迷失。特別是家庭主婦，如果也只是將目光集中在外在的成就，就可能常陷入自卑、無成就感、自怨自艾的負向情緒牢籠當中。其實，懂得經營家庭生活、安分守己、家庭和睦、善良、善解人意、懂得誇讚他人，這些幸福的元素，遠比財富、珠寶、名車的價值高過許多。

由於內人為家庭主婦，長期脫離職場的生活，使得她難以找到肯定自己的成就感。於是除了做家事、照顧孩子之外，她對拼布創作別有一番心得。為了肯定她的賢淑，我特地從聖經當中找出「箴言」中一段非常適用的經句，來肯定她對這個家庭的貢獻：「才德的婦人誰能得著呢？她的價值遠勝過珍珠。她的丈夫心裏倚靠

原來，幸福離我那麼近！

她，必不缺少利益。她一生使丈夫有益無損。她尋找羊絨和麻，甘心用手做工。」

《聖經箴言第三十一章第10-13節》

至於退休的男人，則常受苦於成就感的落差，無法找到安身立命的目標。原本應該光榮退休、頤養天年的一刻，卻仍舊眷戀於外在成就的光鮮亮麗，自然會陷入痛苦的情境當中。財務生產力並不能真正衡量一個人的價值，生命所累積出來的智慧，可以用來協助後代建立一個穩定家庭，成為兒孫生命旅程當中的領航員。

退休之後，身處「六十而耳順」與「七十而從心所欲不逾矩」之年，不再迷失於外在的成就與環境，對物質慾望的節制能力已足夠，更懂得享受粗茶淡飯的日子，能夠安穩坐看人世間的紛雜與冷暖，平順度過晚年。

要能經營親密關係

其實我們真正長期而穩定的幸福來源，通常來自於被愛與愛人的過程。多花一些時間與家人溝通，一起進行會帶來幸福的活動，讓彼此愈來愈了解、愈親近，有福共享、有難同當；有錯就勇於認錯，對方有錯也能大方原諒，共同學習，也一起成長。

工作與財富（成就感）的目的，是要促進家庭的幸福與快樂，甚至是幫助家庭以外的人。但有許多人倒果為因，不斷地犧牲家庭的幸福與快樂，去謀求個人的工作、地位、權勢與財富的成就感，很明顯這是非常不智且錯誤的方向。

親密關係會隨著時間的流逝與空間的隔絕而逐漸淡去，可怕的是這淡去的過程通常不知不覺，當你汲汲營營地關心自己的成就，為物質慾望所綑綁，很自然會忽略去經營與注意親密關係的變化，一切變得形式化，感情淡了，問題也就來了。

疏於溝通與彼此關心的結果，就更不了解彼此深層的想法，衝突、齟齬不斷，讓彼此心靈的距離更加遙遠。當然，漸行漸遠的結果，就會讓家庭問題更加層出不窮。親子衝突、外遇事件、家庭暴力，都是在這樣的氛圍當中產生的。

親密關係是人生幸福的源頭，很需要栽培與呵護，而且是要不斷地用心經營，因為世界在變，每個人也跟著變，如果沒有好好珍惜與共同維護，到頭來反而成為生命中最大痛苦的來源，非常值得深省。

由於我從小成長於暴力、吵鬧的家庭環境，長大之後，就非常渴望擁有美滿和諧的家庭環境。因此結婚之後，我特地與內人約法三章，希望兩人能盡量使用柔和的溝通方式，彼此鼓勵、互相肯定。即使對方有錯，也能使用溫和的語氣來提醒，避免指責與人身攻擊。

原來，幸福離我那麼近！

由於內人性格較為成熟穩定，即使自己有錯，也頗能自我省察，只要給她一點時間與空間，通常她會有自知之明，甚至會主動道歉。倒是我自己犯錯之後，較缺乏省察能力，需要她以較重的語氣提醒，有時還會惹得我不高興。我會跟她說：「如果妳能說話溫和而堅定，或許我就更聽得進去妳的勸告。」

親密關係的建立，是一段不斷犯錯與學習的歷程。由於人生活在外，必須面對許多的衝擊與壓力，因此相對會做適當的防衛，較不會直接受到言語的傷害。一旦回到家裡，面對親愛的家人時，為了放鬆，很習慣就會卸下心理防衛的盔甲。這時，家人彼此溝通的話語，特別是對彼此的不滿，如果沒有適當的節制，造成傷害的力道，遠勝於外人。

因此，結婚二十年來，我都會謹記這個原則，對內人從不說任何重話，而當她說話的方式會引起我的痛苦時，我也會在適當時機做提醒。蓋瑞·巧門博士在他的多本著作中，不斷地提倡**五種「愛之語」的運用，就是：肯定的言詞、精心的時刻、接受禮物、服務的行動、身體的接觸**等五種愛的基本語言，這也是我們夫妻共同閱讀與學習的範本。

於是我們夫妻之間彼此肯定、互相造就的話語則不嫌少，在孩子的面前，我們也會常說：「我愛你」、互相擁抱、親吻說再見，甚至「請、謝謝、不客氣」的禮貌還是會掛在嘴邊，不會把彼此的服務視為理所當然。這些愛的語言，日積月累，都會是幸福堡壘最好的建材。

從事感官快樂的活動

讓身體感到快樂，也是幸福的重要來源。但是要分清楚這些感官快樂的來源不要帶來長期的身心傷害，因為過度飲酒、一夜情、外遇、吸毒都會給感官帶來深度的刺激，造成假性的幸福感，這種不自然的感受，持續時間短暫，一旦成癮，則會對身、心、家庭與社會造成長期的危害。

從事視覺享受（旅行、郊遊、看電影……）、聽覺享受（音樂欣賞、卡拉OK……）、嗅覺享受（芳香療法、花藝……）、味覺享受（美食製作與品嘗……）、觸覺享受（泡溫泉、按摩、運動……），或全方位五官享受（好朋友聚會、生日派對、家庭派對……），這些都是非常健康與適當的活動，可以持續帶來美好的感官刺激。

由於我們的感官會習慣同一種刺激的活動而強度減弱，但透過精心的安排，如適當的時間間隔與創意變化，我們的感官就能持續保持新鮮感，而使得快樂得以不斷地更新與延續。

羅東運動公園應該算是全台灣最美的公園之一，我非常享受這個公園給我帶來的快樂。每週我會在網球場，以球會友，打網球讓我覺得放鬆、自在、抒壓，也能得到相當的樂趣，球友的幽默讓我邊打邊笑，更是讓我快活。

我也會陪著孩子到鯉魚池餵魚，看天鵝，陪妻子繞整個運動公園散步、爬山與運動。我也可以在望天丘吹吹風，靜靜地欣賞遠山雲霧繚繞的變化，怡然自得。這是全羅東人共同的財產，不分男女老幼、貧富貴賤，都能一起享受，讓我因羅東運動公園而覺得心靈上很富有。

享受心靈的喜樂

心靈喜樂的源頭，來自於智慧的追求與宗教的信仰。

哲學家們對智慧有一個非常淺顯的定義：「智慧就是對新問題的解決能力。」因此不要怕面對困難，這些新問題所造成的困擾，正是測試個人智慧高度最好的方法。藉由謙卑學習、思考、求助、適當尋找社會資源，最終將這些問題解決之後，就又累積了一份新增的智慧。此外，讀書、旅遊、擴大視野、增廣見聞，都是提升智慧非常有用的方法。

我喜歡看書，也參加讀書會，我會很用心地去讀每一本推薦的小說、詩歌、散文與論述，認真思考、理性分析、系統整理，並且把我的心得分享給讀書會的成員。透過讀書、整理與分享，我從書中得到非常多有用的智慧，也盡可能地藉由演講、聚會，甚至寫文章的方式，把我所吸收的知識與智慧傳播出去，本書也是這些過程的心血結晶之一。

我常陪妻子及家人一起看電影，分享與討論電影的情節，並且與生活中的人事物連結，讓看電影變得很有趣。因此，可以說讀書、看電影、聽音樂是我生活中許許多多知識與智慧的來源，也是我幸福感不斷加分的素材。

我有虔誠的基督教信仰。聖經當中也非常多追求幸福、增長智慧、做人做事的道理，可以讓人學習。有人甚至如此表示：「上帝創造了人，而聖經就是正確使用人體功能的說明書。」

藉由信仰的教導，讓我更懂得敬天、自信、愛人與惜物的道理，也明白被愛與愛人的重要，學習誠實、寬恕與善良的價值。更重要的是，我相信天堂與永生的存在，而且我深刻明白智慧增長與努力愛人，是存在這世界上最重要的意義與任務。信仰讓我變成全新的人，對這個世界有更清楚的認識，也讓我更懂得去關懷、珍惜所有，去愛家人、身邊的朋友與我所需要接觸、受苦的病人們。

第二單元「愛與善良的信仰」當中，會介紹各靈性領域當中的教導與典範人物的足跡，成為我們的精神食糧。

第6章　正視過去、現在與未來

——過去都是幸福的夢，未來都充滿希望

我們應該養成一種好習慣，當現在覺得會幸福的事，就要趕快計畫去做，享受符合現在心境、生理與心理功能都能體會的幸福感，留下美好的記憶。

阿維夫婦都是勤勞的公務員，育有一對乖巧的兒女，原本生活簡樸，享受舒適恬靜的家庭生活。然而男人好勝的虛榮心作祟，無法安於平淡的現狀，希望擁有更多的財富。因為，他所居住的社區當中，許多的家庭都有賓士、Lexus、BMW。這對一位死薪水的公務員而言，實在難以與人匹敵。於是他將房子貸款，籌了一千萬投入股市，藉由融資的槓桿，一度將財富累積到五千萬，慾望一開，億萬富翁的夢想近在咫尺。

好景不常，無情的金融海嘯來襲，攤平、再攤平，不斷的融資與斷頭的惡性循環當中，最終負債三千萬。憂鬱籠罩，難以招架，一夜白首，自殺的念頭湧現。

原來，幸福離我那麼近！

在最悲觀與絕望的時候，進入教會，並且接受藥物與心理治療。避開死神的網羅之後，家庭的安定重啟希望。一年之後，殘餘的股票，讓他奇蹟式地回到了零負債的狀態。讚美神的恩典，於是用最快的速度，金盆洗手，從此不再眷戀股市。甚至只要看到紅綠的標示，就心生恐懼。

回首過去，美滿恬靜的生活才是王道。進入財務深淵，是死神的召喚鈴鐺。神的恩典，讓全新的生命得以重現，珍惜現在所有，享受平靜的日子。不再回眸貪戀奢華的幻想，展望未來，安居樂業，是最美好的盼望。

既然是要追求真實、可靠與長久的幸福，必須學習對過去、現在與未來有著不同於以往的詮釋與感受方式，才能扭轉舊有的心理機制，朝著幸福的方向看待。當然不是要刻意扭曲事實、製造假象，而是要將焦點轉移到會提高幸福感的面向上，這是非常重要的觀念移轉，也是心理技巧的學習。

印度詩人**卡列達沙**如此頌讚：「昨天已經逝去，明天尚未開始，緊緊把握好今天，就能使：每個昨天都是幸福的夢，每個明天都充滿著希望。」因此，使用正確態度來對過去、現在與未來，是獲得幸福非常重要的關鍵能力。

與過去滿意的生活銜接

昆德拉曾說：「我們這個時代一心只想遺忘，它為了滿足這個慾望，便將自己獻給速度魔鬼；它加快腳步，好讓我們知道它不想再記住什麼，它已經厭倦自己，討厭自己，它想吹熄那盞熒熒的記憶之光。」

放慢腳步，細細品嘗人生的酸甜苦辣。但是要如何將這些逝去的歲月與記憶，成為現在與未來日子的祝福，而非纏累，確實需要適當的態度與技巧。

揚棄過去可以決定未來的念頭

如果對過去痛苦的經歷緊抓不放，這些信念與感受就會持續存在，並滲透進入現在與未來的生活當中，讓這些痛苦決定了現在與未來的命運。我們必須參透這樣的道理，深入去了解這些陰暗的過去，並且加以檢討，找出問題，解決迷惑，最好是透過專業的協助，才不會讓我們因為不想承受這些痛苦而以心理防衛的方式，去扭曲歷史、錯誤詮釋，並合理化自己的行為。

一旦透徹了解之後，就可以把痛苦與不安的過去放心地當成歷史的一部分，只

記取歷史的教訓，對未來的生活形成警惕，但不讓過去的歷史負向情緒繼續控制未來的生活。因此，必須徹底揚棄過去可以決定未來的念頭。

我的童年充滿陰影與創傷，甚至還帶著明顯的羞愧與自卑，這一切都導因於父親的不成熟性格所引發的種種禍害，包括家暴、負債、眾叛親離、暴力討債場景、成為鄉里的笑柄等。因此，在我幼小的心靈，非常期待能快速長大，創造自己美滿、自信的生活，以脫離這樣羞辱與痛苦的環境。此外，我迫切希望能夠成功，以弭平這段日子所造成的種種傷害。就是因為我不相信這樣的家庭困境會限制我的未來，憑著這樣不認輸的骨氣與毅力，我確實成功脫離兒時困頓環境所造成的限制。

增加感謝以強化正向的記憶

對於過去幸福與正向美好的事件，應該牢牢記住，並且時常回味，持續去體會、重溫舊夢。最好也能明白分析，為何有這些美好的事物發生，如果可以，要怎樣做才能再度得到這些美好的成就與幸福感。通常在回憶這些美好回憶的過程中，會出現許許多多的恩人與伯樂，可以常常感謝這些人，讓這些人和美好的事物與幸福感緊緊地連結在一起，這樣會讓幸福的歷史在記憶中更為鮮活。

哲學家稱「感恩」是一種最令人愉快的美德，因此與幸福感息息相關。**羅伯·艾曼斯**在其著作《愈感恩，愈幸福》當中陳述，感恩不只是一種態度，還是一種情緒、心情、道德、習慣、動機、人格特質、因應對策，甚至是一種特別的生活方式。書中提到的研究結果顯示，**經常練習感恩的心可以增加百分之二十五的幸福感；而持續記錄三個月的「感恩日誌」，能夠明顯提升睡眠品質及精力**。

在忙碌的生活之餘，我常會靜下來省思，過去的恩人、相關的成就與幸福事件，就會歷歷在目。我總是非常感謝，藉由他們幫助與鼓勵，讓我度過生命中重重的難關。但是礙於時空阻隔，我沒有辦法常常當面去感謝他們，因此在我的心中也會有些許的虧欠，不知道他們生活是否過得好。但是，我常這樣安慰自己，只要在我的生活環境所及，我也能持續去幫助需要被幫助的人，讓這些過去幫助我的恩人們對我的關愛與協助，藉著我的手傳遞出去，相信這算是對他們感謝的另一種形式。

學會寬恕過去的錯誤以消散痛苦感

由於人的不完美，加上人格成長所需，犯錯是必經的過程，以至於一生當中，總是常有對別人造成傷害或是被傷害的經驗。這兩種情形都可能會持續造成痛苦，

原來，幸福離我那麼近！

有的人會因傷害他人而不斷自責、愧疚，有的人則是因被傷害而始終懷恨在心，這些強烈的負向情緒，如果沒有適當地排解，就可能造成長期的痛苦。本書第16章當中會針對寬恕做詳盡的介紹。

在生命成長過程當中，因為我性格的不成熟、常控制不住自己的慾望，而曾經不斷地傷害過不少無辜的人，讓他們心碎

感恩日誌

○年○月○日

幸福指數：9（興奮）

事件：

高分進榜某大醫學系

親愛的醫師：

謝謝您，從言詞談吐的清晰，到儀態情感的表達，您總是不厭其煩一再地叮嚀我們，肯定我們的優點，也提醒我們的缺點，並和我們共同討論改進方式，以使我們面試時，能表現地更好！

您來回奔波的辛勞，從忙碌的臨床工作挪出空檔，一次次地幫我們模擬面試，您的臉上總是掛著親切的笑容。我們則勇於表達自我的想法，不畏失敗，而您總是一個微笑接著一個地為我們加油與勉勵。

很歡欣地說：「我上某醫大了！」真的，真的很令人興奮，也真的很感謝您一路的幫忙。謝謝您！您，辛苦了！

與失望，我常想能不能當面向他們道歉，希望他們能真正原諒我過去所犯下的種種錯誤。但是，礙於時空背景的關係，並不適合這樣做。

於是，在我的心中也許下這樣的願望，希望我也能成為一個很容易原諒別人過錯的人，甚至能做到「在別人還沒犯錯之前，我都已經預備好原諒的心態。」因為我知道，在過去我的成長過程中，是多麼自私而容易犯錯，而當人還沒有成熟到知道自己在做什麼的時候，通常都會不自覺地犯錯而傷害他人。

若不是這些曾被我傷害的人不追究我的罪過，我今天也不可能有這麼平靜的日子好過。我同樣在心裡非常地感謝他們，希望他們能真正地原諒我，因為透過他們的不追究、甚至寬恕的做法，我才有機會一天天地成熟，成為別人的幫助與祝福的來源。一旦預備好心態，來完成認錯、悔改與感謝，並且試著去原諒與協助他人的流程，這些過去的錯誤與不成熟的記憶與痛苦，都可以逐漸消散。

然而，在我生命當中，也曾有過無數被傷害的經歷，至今想起來都還會隱隱作痛。但是我也願意完完全全地原諒他們，因為藉由這些傷害，讓我得到許多寶貴的成長經驗。因此，可以說，這些傷害過我的人，也間接成了我生命中的恩人。

對未來抱持樂觀與希望的態度

心理學家**魏斯曼**（Richard Wiseman）研究了四百位特別幸運與不幸的人，發現這兩類的人具有截然不同的人格特質。他特別指出幸運的人具有四項特徵：

一、幸運的人常能讓運氣發揮最大效益，他們特別懂得創造機會、察覺機會的存在，並在機會出現時善加利用；

二、他們懂得聆聽自己的直覺，且通常會懂得採取某些方法，例如冥想、禱告、深度放鬆等，以提升自己的直覺能力；

三、他們習慣於預測自己的好運，不論做任何事，他們的心態都是預測正面的結果，因此不斷創造自我預言的實現；

四、他們不會讓厄運所箝制，在對自己不利的情境出現時，就會快速地採取適當行動來掌控情勢，甚至逢凶化吉。

讓正向信念影響行為

自我預言實現（self-fulfilling prophecy），是指「預測行為」本身直接或間接讓所預測的事情成真，主要是透過正向回饋的機制，讓信念去影響行為。由於結果成真，也間接證實了當事人的預測能力。

然而，預測本身會有強力的主導性，引導你去注意與事情可能成真的相關線索，並且透過意識或潛意識的過程，極力去運用資源（正向預測）；或因為恐懼，而不敢使用阻擋事情發生的資源（負向預測），最後預測果然成真。事實上，這些都是因為信念去影響行為所導致的結果，只是進行的潛在心理過程，當事人通常無法確切明瞭。

加強樂觀的信念

我是非常喜歡運用自我正向預言實現的人，因為我深知箇中滋味。唸高三的時候，我被學校派去參加全國愛迪生自然科學研習營，記得當時是國防部所舉辦的大型研習活動。由於當時所就讀的是私立高中，除了唸書以外其他的事情都不太行，諸如焊接電極板等較技術性的活動，我的表現是一級爛的。但是在結業式的時候，我竟然上台領了個獎牌「心得寫作第一名」，回到學校還被公開表揚一番。

重點是，我的初中國文老師對我說：「我已經去調查過，過去得到這個獎項的學生，最後都考上台大醫學系，你得要好好努力喔！」雖然當時認為是老師在作夢，心裏卻是非常高興，因這也是自我預言想要實現的真正目標。果然，經過種種的努力與掌握有利資源，自我預言真的實現了。我在第17章「夢想與盼望」當中也有更詳細的敍述。

另外，在考精神科專科醫師執照之前，當時我還不是基督徒，因此我常會到廟裏去求籤，我會一直求，直到求出「馬到成功」的上上籤才會停止，果然一切順利，馬到成功。結束臺大醫院精神部的訓練之後，我曾面臨一個抉擇，要留下來醫學中心當主治醫師、做研究，或是為了薪資的考量而到其他的地方發展。

當時我跑到台北新公園去找地攤卜錢卦，結果顯示東與北大吉，於是我就依預言，來到東北部的宜蘭服務；至今將近十五年，即使不算大吉，也可稱為非常順利。總之，我會從生活當中去尋求對未來美好的暗示或線索，因為我知道，當我對未來做出正向的預言，我就會不斷地往好的方面去想，且不斷朝這些美好的方向努力，通常這些重大的生命抉擇，事後果真都往最好的方向發展。所以，我也希望大家都能好好地運用這個美好的心理工具與技巧，去實現你的夢想。

在此還是必須強調，通常是那些付出關愛給別人、對社會有貢獻的正向預言比較會實現，而自私、損人不利己的預言，則不太會實現，因為身邊的人事物是會看不過去的，甚至會出現明顯、強烈的阻力喔！

打消悲觀的信念

當然，自我預言實現也可能是負向的事情，這是悲觀的人常常會遇到的事。因此，當出現悲觀的念頭時，千萬別讓這樣的念頭牽著走，因為這些負向信念同樣會透過你的潛意識能源與過程，以及負向情緒造成的精神不集中等認知障礙後遺症，讓悲觀的事情較有可能發生，特別是壞事連連，連你想不到的意外也接踵而至。

所以，當悲觀的念頭發生時，一定得好好地抓住它，別讓它躲進潛意識，必須好好地侍候它，而且要使用許許多多正向的念頭，群起而攻之，務必讓這些悲觀的念頭消弭於無形才可以罷休。

最近有一個人這麼說：「我兒子開車撞死人、我的家發生火災、我的老公還生病住院，我是不是得了什麼霉運？」我則告訴她：「讓我們一起想辦法把情緒穩定下來，因為混亂的情緒、焦慮與恐懼，可能會讓你分心、讓你的判斷力變差，會做出不智的決定。」

結果不久之後，她告訴我，他們受不了兒子的官司，雖然訴訟不一定會輸，但

他們因為已經承受不了壓力，於是主動賠出鉅額的賠償金，非常不合理的高賠償金額。顯然，我所說的話來不及對她有正向的影響，結果厄運果真又多了兩件，鉅額財產的損失，還有她的精神疾病病情因而加重。

活在當下

針對過去與未來的正確心態做詳細的分析，就是希望過去正向的記憶與未來的樂觀連結在一起，架構出完整且穩固的正向思想與觀念。如果能再加上「活在當下」的幸福學習，那幸福的延續性就會更加地穩當。

幸福是旅程，而非終點

澳洲神父**德索薩**（Alfred D'Souza）曾經寫下一段描述幸福的美好篇章——

「長久以來，我都認為自己會過著真實的人生。但是，總會有許多的問題橫梗在前頭，例如有些急迫需要完成的事、做不完的工作、拋不開的人情世故、未還清的貸款，在這些沒完沒了的事情之後，我才可能開始追求屬於自己的人生。

終於，我才領悟到，原來根本沒有通往幸福的道路，因為幸福就是道路本身。因此，應該更加珍惜與重要有緣人相處的每一刻，甚至要把大部分的人生都用在這些美好的體驗當中，也不覺得可惜。不要把太多時間無謂地浪費在讀書、工作或看似重要的事情上。

要即時去做那些讓你自己覺得幸福、或是讓你鍾愛的人覺得幸福的事。並且記得歲月無情，不要等到考完最後一次試、完成學業、上最高學府、擁有完美身材、買到拉風的名車、或是得到你生命中所渴望最完美的事物，等到年華老去之後，才開始追求幸福。

不要等到週末，才能參加派對或放鬆。不要等到下一個春夏秋冬、等到找到對的人結婚、等到老死、等到再轉世重生，然後才要下決心追求幸福。當下，就是追求幸福最重要的時刻。

幸福是一趟旅程，而非終點；
認真工作，不是為了賺錢；
勇敢去愛，彷彿未曾受過傷害；
自在地跳舞，旁若無人。」

原來，幸福離我那麼近！

正如神父所說，幸福是一趟旅程，不僅是體驗之旅，同時也是學習之旅。明白幸福的道理之後，時時刻刻都能體驗幸福，也一天天累積創造與維持幸福的能力。而不是汲汲於追求人生的最終目標，卻忽略生命旅程當中許許多多美好時刻的體驗。

覺得幸福的事，就趕快去做

戴爾．卡內基曾說：「我所了解有關人性中最可悲的事情之一是，我們全都有把生活挪後的傾向。我們全都夢想著地平線上方的某個神奇的玫瑰園，卻不知去享受今天盛開在我們窗外的玫瑰。」

人們沒有辦法正確掌握未來的一個重大議題就是退休，因為我們總是以現在的角度去思考未來的可能性。基於現在的忙碌與壓力，於是順理成章地假設沒了這些壓力之後，就必然可以享受人生。可以去釣魚、照相攝影、環遊世界、天天打球、看休閒雜誌、含飴弄孫，一幅處在天堂的模樣。

畢竟人算不如天算，你可能遇到金融風暴、蝕了老本，孩子可能敗金浪蕩，散盡你的家產。加上退休就是老年了，腦力、體力都退化了，荷爾蒙也不夠用了，現在年輕時覺得快樂的事，等到年老色衰以後，做起來不一定覺得快樂。

更何況因為拼命工作、長期勞累之下，種種老年常患的慢性身體疾病就可能纏身，高血壓、糖尿病、高血脂，嚴重的的話還會心臟病、高血壓兼氣喘，至於膝蓋的退化性關節炎就會嚴重限制你的行動。如果再不幸一點，癌症、中風、失智症，甚至會把你困在床上。那退休最常要做，很不想做，卻不得不做的，就是到醫院逛街、跟醫師約會！

如果想跳脱這種對未來想像的限制，我們應該養成一種好習慣，當現在覺得會幸福的事，就要趕快計畫去做，享受符合現在心境、生理與心理功能都能體會的幸福感，留下美好的記憶。即使到老的時候，也自然能找到符合當時所能感受到幸福的事情可做，因為你早就已經學會幸福快樂之道，成為真正的玩家。

享受當下幸福時光的五個技巧

在第3章開頭，我曾提到部落美食與歡樂的過程。通常這個旅遊行程是八個小時，前面四個小時是參觀整個部落，包括種植香菇、番薯、玉米、小米的山坡地與林蔭，還有狩獵的場所、織布及釀小米酒的過程等，建立對部落的清楚認識與情感，並且知道下午所吃的食物來源，與食物進行第一類接觸，先培養對食物的情感。後四個小時，就像之前所介紹的，就是美食、情感交流、音樂與舞蹈。這個部落經營得非常成功，許多的名人賢達都曾造訪。如果要問為何他們會成功？答案可能就在於，他們深知如何享受當下的歡樂，而且是兼具深度與長久性的幸福感，至今這個宴會的過程在我心裏仍歷歷在目，有幸能參與這個盛會，到現在想起來都還覺得很開心。

享受當下（現在）的歡樂與愉悅，是獲取幸福感最重要的學習過程，一旦學會，你要寫出一篇篇幸福日誌就非難事了，成為習慣之後，這些幸福的記憶就會交織成美好的生命樂章。

享受現在的歡樂與愉悅的技巧就在於——

一、**沉浸在享受時刻**：深刻去感受活動所帶給你的歡樂，如同部落所安排的認識活動開始、美食、歌舞、美酒、情感交流等；

二、**建立記憶**：體會與感受愈深刻，愈能形成長期的記憶，事後也一定記得要好好地寫下來；

三、**自我喝采**：為自己能獲得這樣的幸福喝采，並對自己能身處愉悅環境感到幸運，也對自己在宴會中的自在表現表示鼓勵；

四、銳利化知覺：適當的酌飲美酒，的確能強化五官對美好事物的感受能力，但即使不喝酒，也能提醒自己去欣賞部落美景、聽美妙的歌聲、聞食物與大自然的香味、細心去品嘗食物的甘甜、欣賞人際交流的熱鬧場景，所有人類美好的愛與良善都盡情地展現在你的眼前；

五、全神貫注並充滿感謝：來到這與世隔絕的人間仙境，所有人世間的繁瑣盡拋腦後，全神貫注地享受這一段幸福的美好時光。感謝部落精心安排「享受當下時光」的幸福學習之旅，讓我們知道，我們也可以用這樣的方式來創造幸福時光。

此外，我也特別提到「幸福家庭派對」，這是每一到兩個月，五對夫妻輪流在各自的家庭舉辦派對，其實這五對夫妻正是左右鄰居，因此沒有酒後開車的問題。開派對時，大人進行大人的聚會、小孩則玩小孩的遊戲，除了點心時間，否則互不干擾。這個派對時間通常是在週六的晚上，各自吃完晚飯之後才開始，時間持續四到七個小時，就看當晚的氣氛而定。通常大家都是依依不捨，實在是太晚了，否則通宵達旦並非不可能。而且除了小小孩之外，每個小孩在派對結束之後，還是神采奕奕、面帶笑容，捨不得離去。有時候，這個派對也會在旅遊名勝舉行，只是我們都會盡量做到不擾鄰為原則。

這個聚會名為幸福家庭派對，除了品嘗美酒之外，最重要的是婚姻諮詢，其實也是一種婚姻成長團體，只是藉由派對的方式來進行。過程有歡笑、也有淚水，但是結局都是美好的，我們都非常期待這個聚會能如期舉行。

這些活動安排的方式，都是為了強化幸福的強度與與延長享受美好時光而安排，要讓這些美好的經歷深植在所有夫妻與孩子的記憶當中，讓孩子們未來也能實現這樣的美好生活模式。透過這樣的活動安排，完全符合享受現在的歡樂與愉悅的設計原則：「特別安排各種不同的享樂模式，並可以變換場地以強化新鮮感，最好還可以設定互動式的驚喜安排。」

要在此強調，這些活動本身並不會花費太多金錢，簡單的宵夜、小朋友的點心、四至五瓶紅酒（小米酒），但是最重要的是追求美滿婚姻與家庭幸福的心，與教育孩子未來也能懂得追尋幸福與人際感情聯絡的方法。旅行過程也遵守酒後不開車的原則，而且舉辦這些活動的過程中，沒有人醉酒過，因為大家都僅止於淺酌。

Part 2

愛與善良的信仰，就是幸福

我心愛的你　ka su ka ki rhe rhe milha
如果你是真心愛我　ni llha va su ti ka rhi ngai na ki rhe rhe
我會安慰你的心　mi su ni ka ma ni ka ki mu su ma, su lha
真誠的對待你　su lha be na ki rhe rhe mi su

（魯凱情歌　多納國小潘廣雄老師）

第7章　霧台的天空——安祥、平和與幸福

他們常不吝惜地見證上帝的恩典，讓世人明白，上帝的愛是何等長闊高深。因為有他們，霧台的天空，顯得特別幸福、安祥與平和。

從阿姨與父親所住的石板屋往天空看去，除了遠方巍峨、層疊的山巒之外，三隻蒼鷹正自在地翱翔，護衛這塊被上帝祝福的土地。

多年前父親過世的時候，舉行了一個盛大的告別式，一兩百位魯凱族與平地漢人的親友共聚一堂，追思這位令人又愛又恨、很特別的平凡人。父親生前所去過教會的牧師們幾乎全員到齊，並分別為父親及遺族祝福，幾乎都這樣說：「我們這麼多人一起在這裡為這位再普通不過的凡人舉行告別式，場面好像在為一個多麼顯赫或了不起的人祝福，但是我們都知道以他本人一生的言行舉止，本應不配得這樣的榮耀，但是因為上帝愛我們眾人，所以祂在這位平凡的子民過世的時候，要清楚地告訴我們，上帝的愛是沒有區別的，在上帝的眼中，每個人都是寶貴的。」

父親與阿姨結婚之前，我們做兒女的可真是為阿姨捏把冷汗，父親在年輕時可

是嚴重的家暴者，特別是對我們已經過世多年的媽媽。而且父親自從年輕時生意失敗之後，就沒有再賺過錢來養家了，反而媽媽要同時做兩份工作來供應全家的生活所需。

這樣的父親形象實在是負面而且令人擔心的。而且阿姨認識父親之後不久，父親就常常腰椎受傷，甚至需要多次開刀。原本阿姨認識父親的用意，是希望找一個司機，因為她的視力不佳，行動需要有人陪伴。沒想到，認識父親不久，竟然遇到嚴重的考驗。但是阿姨對著姊姊說：「沒關係，他是我向主耶穌所求來的，不管怎麼樣，我都接受。」

或許真是上帝的應許，父親雖經多次開刀，卻奇蹟似地復原，活蹦亂跳，還可以開墾阿姨家的山坡地、開車載著阿姨長途跋涉（最遠從屏東霧台到宜蘭羅東）、四處旅遊，果真成全了阿姨的祈禱。

結婚後，基本上父親脾氣仍然是暴躁的，但他的優點是勤快與好客，他種了不少農作物，分享親族好友。他也燒了一手好菜，吃過的人都稱讚。有一天，雙方的家族就是這樣聚在一起，在蒼鷹的祝福與護衛下大團圓。父親還特別燒了一鍋山產湯，氣味逼人，只有孝順的傻女婿敢去品嚐一口，我們則退避三舍。

其他的菜餚則如同滿漢全席般擺滿桌子，哥哥私底下會說：「心裏實在有點不平衡，年輕時對媽有這樣的一半就好。」阿姨曾經不定期地這樣對姊姊報告：「你們的爸爸愈來愈好了，你們放心喔！」阿姨就是這樣一位充滿愛心、耐心、包容的魯凱族公主，是她讓父親的性情有了一百八十度轉變，我們都非常感謝。

父親在過世前罹患肝癌，就醫與住院過程，阿姨都全程照顧到底，反而我們做兒女的只能偶而去醫院看他。阿姨對父親的不離不棄、始終如一，令全家人非常感動，在她身上看得見耶穌愛人的影子，不嫌棄卑微的人，願意用全然的生命與愛來愛這不可愛的人。總覺得，上帝透過阿姨與父親的相愛，是要給家族所有的兒女們一個典範，愛是永不止息。

他們因為彼此相愛，而且愛人如己，特別是對子女們、親友與族人，甚至常一起到醫院探望貧病的人，在阿姨的陪伴之下，父親終於重拾遺落已久的男性尊嚴。他們常不吝惜地見證上帝的恩典，讓世人明白，上帝的愛是何等長闊高深。因為有他們，霧台的天空，顯得特別幸福、安祥與平和。

靈性的力量在一般人的生活當中，總是扮演著奇蹟似的角色，常讓人能因而逆轉看似沉淪的命運。因此，各大宗教、代表人物、文學巨著，都存在許多啟發靈性力量的泉源，讓我們有接受教導的機會。而許多醫療典範人物，他們犧牲奉獻的精神，也可能成為我們學習的對象，因而更懂得如何去愛與關懷他人。

凡他所做的盡都順利

聖經詩篇說：「不從惡人的計謀，不站罪人的道路，不坐褻慢人的座位。惟喜愛耶和華的律法，晝夜思想，這人便為有福！他要像一棵樹栽在溪水旁，按時候結果子，葉子也不枯乾。凡他所做的盡都順利。」──《聖經詩篇第一篇第1～3節》

聖經最美麗的詩歌集「詩篇」，開宗明義地說幸福第一要件就是不要接受誘惑、不做壞事、不自傲，這是幸福的前提，因為接受誘惑，就會引來災禍；做壞事會傷害他人，遲早也會遭到反撲；傲慢、目中無人，終究會遭到眾人排擠，一旦失敗，只能獨享苦果。因此，要得到幸福，必須先學會避免災禍來源，關鍵就在於分辨這些禍源的智慧。

幸福的進一步保證，就是要有信仰，並且晝夜思想、甚至身體力行。聖經對耶和華的律法，最簡單的定義，就是耶穌所說：「你要盡心、盡性、盡意、盡力愛主──你的 神。其次就是說：『要愛人如己。』再沒有比這兩條誡命更大的了。」──《聖經馬可福音第十二章第30～31節》

敬神就不會自傲，愛人如己就不會輕易去傷害他人，接受神的教導，晝夜思想神的話語，讓人智慧可以提升，識破奸人的伎倆，不會貪心而遭誘惑，避免後續的災難。

最後，詩篇更進一步舉例，他要像一棵樹栽在溪水旁，按時候結果子，葉子也不枯乾，意即要將生命根基紮在滿有恩典的溪水旁，讓你享受源源不絕的愛與關懷，這樣就能按時結果子，與眾人分享，並且生生不息，「接受愛、付出愛」的不斷循環，結局就是「凡他所做的盡都順利」。透過智慧的學習、信仰、被愛與愛人的過程，得到上帝滿滿的祝福，真是對幸福人生最完美的注解。

德雷莎修女

宗教信仰之愛，最令人驚奇與感動的例子，就屬德雷莎修女。天主揀選她成為印度的祝福，她也全然且熱切地服從，她說：「天主要我在絕對的貧窮之中，把自己徹底奉獻給祂。她要我與印度女孩子認同，過他們自我犧牲、奉獻自己做為祭品的生活，照顧貧民窟的窮人、病人、垂死的人，以及住在骯髒洞穴的乞丐、年幼街童。簡言之，毫無保留地把自己奉獻給貧民窟與街上的窮人當中的天主。」這種毫無保留全然地奉獻自己，除非有信仰、天主的愛與許諾，絕非凡人所能表現得出

來。

她的書信透露自己曾在陰暗當中度過：「我常常保持微笑。修女姊妹和人們都這麼說。他們認為我整個人滿溢著信念、信靠與愛，也以為我與天主非常親密，與祂的旨意結合，使我滿心酣暢。他們不知道真相。我的愉悅就像一件外麾，遮掩了空虛與悲苦。」

雖然德雷莎修女常在與指導者的通信當中述說自己心理黑暗與痛苦的一面，但是她卻清楚地解讀這心靈痛苦的過程，就像在體會與分擔耶穌因承擔世人的罪，一步步走向十字架過程中所承受的痛苦一般，所以她說：「現在我相信這只是耶穌在世上所承受的黑暗與痛苦的小之又小的一部分。」

而且她以「對天主親切說『好的』；對所有人開心『微笑』」來支撐她繼續努力服務的動力，甚至她把這樣的黑暗體驗當成奉獻給天主的一部分，她說：「黑暗愈深沉，我給天主的微笑愈甜美。」、「悲傷、磨難、寂寞都是耶穌的吻。」

最終，她甚至說：「若我有一天成為聖人，我定會是黑暗的聖人，我將長時間不在天堂，而在地上為活在黑暗中的人亮起他們的光。」

德雷莎修女一生無私的奉獻，讓我們看到一種單純助人的典範。可以從關懷身邊那些沒人照顧、沒人接受、沒人關愛與寂寞無助的人開始，從我們的家庭、鄰里與社區出發。我們可以學習修女的樣式去愛，不會斤斤計較，總是希望能付出比自己所願意的多一些。

靈性的夢境三則

夢境一：幽魂出巡

大學一年級時，住在台灣大學第七宿舍，那是一棟兩層樓日式木造的房屋，由於建築物已經非常老舊，踏起步來還會發出嘎嘎的聲響。宿舍面朝蟾蜍山（公墓所在），屋前有一排茂密高聳的竹林，晚風吹來，颼颼的聲音，直叫人打寒顫。我住在二樓，靠窗的下鋪，有兩位學長室友同住，分別睡在另兩床的上鋪，睡前習慣房門半掩。

一個夏日的凌晨，我突然驚醒，因為我的鼻血已經流了滿臉，我只好起身擦血，將沾血的衛生紙丟滿地面，卻還難以止住鼻腔奔騰的熱血。於是強壓住鼻樑，倚靠牆面，又昏沉睡去。突然間感覺到一陣冷風吹來，隨後從門口飄來一位離地的仕紳，雙手前伸，迅速飄過眼前，穿過窗戶而去，令人冷汗直冒。片刻之後，又從門口匆匆飄來一位離地的淑女，追隨著那位仕紳，快速地離去。我心想：「莫非他們是受到我床邊滿地的鮮血所吸引而來？」

正陷入極度恐懼的當兒，一位理平頭的國中生，就從半掩的前門緩緩雙腳跳行前來，跳到我的床邊，突然停下轉身，往我的身上撲來，緊掐住我的脖子，我驚恐地尖叫：眼睛睜開之後，早晨的陽光從窗口射進來，我的心還猛然噗通噗通地跳，鼻血是止住了，但是當天我就匆忙地搬離宿舍，不敢再回到這個恐怖的地方。

經歷這場可怕的夢境之後，我努力加餐飯，讓自己從四十九公斤增加到五十九公斤之後，長達十幾年的流鼻血宿疾才真正痊癒。我的潛意識透過這個夢境的啟示，讓我認真去改善我的身體健康。

夢境二：光照現出原形

十年前，在前往美國進修之前，做了另一個鮮明且驚駭的夢。在夢中，我是個壞透了的人，夥同四位男子共同謀殺一位妙齡女郎，並且嫁禍給另一位善良的男子。事後還將該名妙齡女郎以巨石綁身投入湖中，心想這可是萬無一失的做法。日子就這樣一天一天地過了，直到死去之前，都沒有被發現這令人髮指的罪行。

帶著僥倖的心情死去之後，來到一個黑暗的世界，有許多人在排隊等著火車到站。輪到我坐上單節、單人座的火車之後，火車竟然往空中飛去，突然間一道強烈的光線往火車的方向打來，穿過我的腦袋，投射到一個大螢幕上，把我的犯行從頭到尾播放一遍。甚至還播出一段特寫，螢幕上的湖水逐漸乾涸，終於露出沉在湖底的妙齡女屍，於是我不得不俯首認罪。

沒想到，我生命當中所有的歷程，都存留在我的腦袋當中，死後還會帶走，做為我的呈堂證供。

這個夢境啟示，人一生當中的所作所為都逃不過被審視的命運。幾年之後，在聖經當中看到這段經文：「所以主說：『你這睡著的人當醒過來，從死裏復活！基督就要光照你了。』」《聖經以弗所書第五章第14節》，才知道自己做了一個「啟示大夢」。

夢境三：天災啟示錄

六年前，我做了另一個恐怖的夢。我和家人住在一個山坡地的房子裡，突然間高山上轟隆巨響，原來是土石流襲擊我所住的村落。我趕緊叫家人逃跑，跑到街上之後，沒想到洪水就從山上的方向宣洩而下，把所有在街道上的人全部都沖走了。幸好，我的家人並未遭害。雨過天青之後，遠遠看到田間有一隻罕見的動物被拴在地上，全身不停地扭動。我近身一看，竟然是一條小龍（不是蛇、是龍）。

醒來之後，想了一段日子，實在不明白這個夢境究竟有什麼意義。直到有一天看到這一段經文，才恍然大悟。「所以，凡聽見我這話就去行的，好比一個聰明人，把房子蓋在磐石上；雨淋，水沖，風吹，撞著那房子，房子總不倒塌，因為根基立在磐石上。」《聖經馬太福音第七章第24～25節》透過這段經文，我才明白，這個夢境啟示我必須將生命的根基紮在磐石上，而非鬆軟的山坡地上，才能避免土石流與洪水的侵襲，而這磐石就是聖經的教誨。

至於拴在地上的小龍，在聖經裏也有類似的描述，「大龍就是那古蛇，名叫魔鬼，又叫撒但，是迷惑普天下的。牠被摔在地上，牠的使者也一同被摔下去。」《聖經啟示錄第十二章第9節》藉由夢境啟示我必須好好管理那蠢蠢欲動的內在慾望，不要被撒旦所迷惑，要將它牢牢地拴在地上。

第8章　風雪中的行腳僧——智慧、善良與利他愛人

佛教教義的精髓，就在於智慧、善良與利他愛人，也是追求幸福的不二法門。

不同的宗教，其基本教義卻一致得令人驚奇。達賴喇嘛清楚明白地揭示佛教的立場「生命的意義在於追求幸福」。

佛教認為人不幸福的主因源自於「自我中心」及「對慾望的執迷不悟」，一旦自我的慾望陷入持續的不滿足狀態，不被控制與遭縱容解放的結果，帶來貪婪、惡意、驕傲、憎恨、嫉妒等強烈負向情緒，讓自己與身邊的人身受其苦，終究會惹禍上身，走入人生的絕境。

因此，只有當你節制所有的慾望，才有離苦得樂與幸福的可能。此外，佛教也認為我們的幸福是與他人的幸福深切連結在一起的，因此在愛人——利他與慈悲的過程中，我們才會找到真正的幸福。

法國籍僧侶**馬修．李卡德**也明白的點出自私對幸福的無用：「在所有建立幸福

的方法當中，最沒有創意的就是以自我為中心，也是一種相當笨拙、盲目且極端的方式。」

因此他堅稱：「生命的目標就是無時無刻擁有深刻幸福及智慧的狀態，伴隨著對每一個生命的愛。真實的快樂來自根本的善，全心希望每個人都能找到生命的意義。那是一種隨時都在的愛，沒有任何炫耀或自利；一種無法言喻的單純善心。」

佛教教義的精髓，就在於智慧、善良與利他愛人，也是追求幸福的不二法門。

聖嚴法師

「無事忙中老，空裡有哭笑；本來沒有我，生死皆可拋。」一代佛學大師聖嚴，於二〇〇九年二月三日下午四時圓寂，為這個價值觀混亂的時代，留下一個完美的人格典範。他體認到世人對他的需要，而說：「相信透過我的生命，我能夠幫助別人，也能夠弘傳佛法，但是我仍然認為，我就像一個風雪中的行腳僧，哪裡需要我，我就往哪裡去。」

他也把自己當成世界公民：「我把自己當作是世界公民，作為一位宗教老師和僧侶，我不屬於特定人們或國家，我就像一片雲，飄過一個又一個地方，遊遍全球，地球對我而言似乎很小，每個地方都和其他地方緊密相關。」

聖嚴法師兩度出家，閉關苦修、日本留學取得博士學位、美國弘法，於一九八九年開創法鼓山，一生顛沛流離的過程是一位台灣的傳奇人物。他風趣親和的言談舉止，相當具有群眾魅力，曾獲選為四百年來，台灣最具影響力的五十位人士之一。

法師積極推動「提昇人的品質，建設人間淨土」的理念，曾分別提出**「四種環保」**，即心靈環保、生活環保、禮儀環保、自然環保。**「心五四運動」**，即四安：安心、安身、安家、安業；四要：需要、想要、能要、該要；四它：面對它、接受它、處理它、放下它；四感：感化、感動、感恩、感謝；四福：知福、惜福、培福、種福。

還有**「心六倫」**，即推動族群、職場、生活、自然、家庭、校園六大全新倫理觀念。這三大類淨化台灣社會的理念，正透過上百萬的弟子，在全台、甚至全世界各地散播與實踐。

他總是馬不停蹄地，為了實踐理想而努力。即是耗盡他每一分心力，都是為了這個世界著想，總想多點時間去利益眾生。他談到：「我一向體弱多病，但我試著在人生最後的日子，活得精神奕奕，無論何時有人需要我，我就去做那件事，然後

原來，幸福離我那麼近！

在枯竭疲憊裡倒下，休息到下一件需要我的事找上門。我的醫生告訴我，沒有多休息，我很快就會死。但無論何時，當工作出現，我總覺得既然來日無多，那我更應該善用它去利益眾生。在我還可以工作時，我就必須工作。」

當聖嚴法師特別提出，二〇〇九年是很有希望的一年，要在失望中看見希望，在艱苦的環境下創造快樂，在不景氣的年代裡擁抱幸福。言猶在耳，一代宗師驟逝，讓世人留下深沉的哀思，卻也為這個時代立下一座希望與幸福的明燈。

第9章 救贖——從受苦當中感受愛

最終，反而從平凡渺小的人物身上，發現生命的意義與幸福的秘訣，在於「愛人、儉樸、以及不斷地幫助別人」。

文學經常記錄人生酸甜苦辣的體驗，也少不了對人類命運與幸福的關心。由於文學家的多愁善感，通常他們自己的情緒狀態，容易偏向憂鬱，以至於常能從較悲慘的角度，觀察出人生的智慧。有研究統計，得過文學與藝術獎項的歷史名人當中，百分之七十曾患有憂鬱症。兩位俄國大文豪正有著類似的處境，他們以自身生命的體驗，領悟出人類命運的奧妙。

托爾斯泰特別著墨於生命的意義，從人類的無知與極限出發，藉由信仰的引導，加上彼此相愛，順利走向幸福的坦途。**杜斯妥也夫斯基**則聚焦於人性的善惡，透露出人性的脆弱與無奈，在他所處的時代，受苦成為常態，因而領略出彼此互助與相愛的重要性。

托爾斯泰

俄國大文豪托爾斯泰在短篇小說《人為什麼而活》當中有著相當深刻的教導。上帝藉由男天使下凡，要他尋找三個問題的答案：「第一、人心裡有什麼？第二、人不能知道的是什麼？第三、人靠什麼而活？」。

第一個問題的答案，藉由一對夫妻的對話，揭露因為人心中有信仰而敬畏上帝，於是願意付出對陌生人的愛心，強調信仰的重要。第二個問題則藉由一位鉅富向鞋匠訂製一雙名貴的皮靴，但沒料到這皮靴竟然成為該鉅富入殮時所穿的鞋。人因智慧不足而不知道未來會發生的事，世事難料，人不能只貪圖眼前的享受，而對後面可能衍生的災禍毫無預備，強調智慧與遠見的寶貴與難得。

第三個問題的答案，則當天使觀察到一位母親生下雙胞胎之後去世，父親也相繼離世，原本孩子們可能會命運悲慘，但靠著養母的大愛，這對雙胞胎成長得非常順利，藉此推崇無私的大愛。

最後，**托翁**也藉由另一短篇小說《迎著光，向光明前進》中論述「人為什麼而活」，答案就是「懷著愛為別人服務」。生命的意義與幸福的奧秘，就隱藏在愛人的過程當中，而且他認為幸福的重要前提在於信仰、智慧與無私的愛。

托爾斯泰在另一本巨著《戰爭與和平》當中，同樣藉者主人翁們的口，傳遞愛與信仰對生命的重要。

安德烈說：「愛？什麼是愛呢？愛阻礙著死。愛就是生命，就是神。一切事物都只由愛結合在一起。」

皮埃爾則不斷思考生命的意義何在，藉由參與戰爭（暗殺拿破崙）、戀上名媛、甚至參加秘密教會（共濟會），都遍尋不著。最終，反而從平凡渺小的人物（愛人兼妻子娜塔莎）身上，發現生命的意義與幸福的秘訣，在於「愛人、儉樸、以及不斷地幫助別人」。

此外，皮埃爾也在苦難中體驗到信仰的重要性，他說：「生命就是一切，生命就是上帝，一切都在變化，一切都在運轉，而這運轉的關鍵就是上帝。有生命，就能感知神聖的快樂。要愛生命，愛上帝。最困難和最幸福的事，就是在痛苦中，在無辜受苦時，仍然熱愛這個生命。」

杜斯妥也夫斯基

俄國另一位大作家杜斯妥也夫斯基寫了許多曠世巨著，例如《罪與罰》、《少年》、《白癡》、《卡拉馬佐夫兄弟》等。而「善與惡」是他貫穿所有作品當中的基本命題，在他的筆下，凡人的生命就像一齣齣環繞著善與惡而演出的戲碼，所以他說：「上帝與惡魔搏鬥，而戰場就在人們心中。」他認為人類存在的本質，就在於「選擇善惡的自由」，而如何掌握這樣的自由，就決定人類命運的昇華與沉淪。

藉由杜氏的作品與聖經箴言對善惡的互論，讓我體會到這個觀念：「善與惡是恆久不變的階級，而權勢、地位、名利、美貌所虛構出的階級，如紙磚所堆砌而成的巍峨高樓，表象高壯、實體脆弱而易傾倒。這些外在的階級，往往是人們窮極一生所追求的，一旦植基在惡的本質上，回過頭來反而加重惡的程度！」

這種現象由清代孔尚任《桃花扇》中的曲詞，也可看出類似意象：「金陵玉樹鶯聲曉，秦淮水榭花開早，誰知道容易冰消！眼看他起朱樓，眼看他宴賓客，眼看他樓塌了。」印證在聖經當中的話語，就是：「義人的盼望必得喜樂，惡人的指望必至滅沒。」《聖經箴言第十章第28節》

杜氏寫作的目的，就是在尋找消滅痛苦與發現幸福的途徑，但他發現這整個世界的人們卻不斷地朝著相反的路走去。於是，他勇敢地向這個世界傳達一個重要的訊息：「接受痛苦，並藉著受苦的過程而得到救贖。」

此外，在他的作品當中也間接提到，要能從受苦過程當中得到救贖的方法，就是要透過「愛」。

「兄弟們，不要害怕世人的罪惡。人即便有罪，也要愛他；因為這才是上帝的愛，是人間至高無上的愛。愛上帝創造的一切，天地萬物；愛每一粒沙子、每一片樹葉、每一道上帝之光；愛動物、愛植物、愛一切的一切。如果你能愛天地萬物，就會在其中察覺到上帝的奧秘。一旦體會到這個奧秘，你將一天比一天有更深的領悟。最後你將會用無所不包的愛來愛這個世界。」《佐西馬長老—卡拉馬佐夫兄弟》

第10章　大愛情懷——充滿對世人的熱愛

藉由「愛人與被愛」的持續循環，這些環繞的正向能量能將當事人的情緒狀態維持在正向情緒光譜內，穩穩地鎖在幸福的氛圍當中。

醫療的本質是關懷人的生命、健康和疾病，因此學醫的人通常都很有使命感，充滿對人性的關懷，幫助病人維護健康、解除疾病所帶來的威脅與痛苦。特別是有許多胸懷大度的醫療傳奇人物，會遠渡重洋、終生奉獻在貧病社區，這種懷抱對世人的大愛情懷，都能留下令人感動的歷史。

抗SARS英雄——歐巴尼醫師

義大利籍的抗煞英雄卡羅．歐巴尼醫師（Dr.Carlo Urbani）是一位控制傳染病的傑出醫學專家，就是他在越南發現了SARS（嚴重急性呼吸道症候群）。當時這種令世界陷入恐慌的傳染性疾病，使得各國關閉邊防，全世界人民跟著改變生活習慣，同時也在台灣醫療界造成重大傷亡，讓人印象深刻。沒想到歐巴尼最後竟然也因染SARS而在越南往生。在他因義行而罹難之前，他的行醫足跡遍及世界各地，而且以實際的行動留下許多可歌可泣的事蹟。

事實上，他並未發表過太出名的言論、未曾享有應得的威名，只是他去到最偏遠、最貧窮、被世人所遺忘、遭飢餓與病毒侵襲、無人問津的角落，進行醫療活動與控制傳染病，盡其所能地帶給他們些許健康的尊嚴與權利。

因此在光榮捐軀之後，他的國人如此感性地頌讚他：「像他這樣以幫助貧困無助的人群為其一生的工作目標，甚至不惜犧牲自己的性命的人，值得我們懷著感恩的心來紀念他。他是世界上受苦受難人民的救難英雄，其中部分苦難也源自於我們西方人盲目的自私自利。但因有歐巴尼醫師這樣的人，使得我們西方還能表達傳統互助互利的精神，不論性別、種族、文化、宗教信仰及各方面的差異，讓大家都能享有生存的尊嚴。」

由於他的成長背景是經過義大利天主教文化的高度洗禮，這也是高尚的宗教情操所引導出來的義行，充滿對世人的熱愛。因此他的洗禮神父如此稱頌他：「歐巴尼代表的是未來的基督徒，他不需要講道就把福音傳播出去。同時結合同情、愛心與專業去為人類服務，這才是他的內涵。而且他能敞開心靈，汲取任何宗教信仰裡善良精華的成分。」

歐巴尼生前最愛的一首歌《My Way》最能完整描繪出他一生的心路歷程，他的兒子在他的告別式上，以薩克斯風吹出令在場所有人鼻酸動容的樂章——

「現在，長日將盡，我要面對人生中這最後一幕……。人是什麼，他到底需要什麼？如果他沒辦法擁有自己，那他終將一無所有。勇敢說出真實的感受，而不是卑躬屈膝的言語。這些都是我所接受過挑戰的記錄，我走自己的路，是的，這就是我要走的路。」

愛的信仰——陳永興醫師

在沒有宗教信仰的人當中，有時也會發現亮麗的瑰寶，甚至在年輕的心靈早已綻放光芒，陳永興醫師在醫學生的生涯當中，就曾經寫下：「一旦認清了生命的本質既是痛苦，生命的悲劇既是無可奈何，生命的存在既是無止境的挑戰。那麼我們就可以有足夠的勇氣來接受激烈殘酷的競爭，就可以有足夠的力量來扮演無可奈何的悲劇角色，而且我們更就能面對生命本身的挑戰，為自我的存在來選擇，我們更就承擔思想的痛苦，為自我的肯定來奮鬥。這時候生命便有了最高層次的啟示，那就是偉大的愛。」

在無可避免的苦難當中，深切體驗愛的需求與偉大。他明白地揭露一般人也有能力表現出愛人的偉大情操，他說：「熱愛在我的心胸與血液中燃起熊熊的火焰，有時也激動、宣洩而流出了眼淚，但是無論人間多麼炎涼與冷酷，社會多麼黑暗與醜惡，人類多麼自私與無知，我也沒有看破的一日，即使傷心、失望到極點，也不能放棄這世界與人生，因為這些也是愛的一部分，愛是一切的痛苦與喜悅，一切的憂傷與責任，一切的善良與醜陋，一切的信心與力量，這就是我的信仰——愛。」

憑著這樣的信念，他無法安於舒適的工作環境，他要往受苦最多的地方走去，於是他選擇長時間待在設備簡陋的私人精神病院，去為他們的健康與福祉奮鬥。他說：「我在快樂的天堂工作，但我明知有更多的同胞在地獄裡受苦，我又怎麼忍心視而不見、自得其樂呢？天堂和地獄就在同樣的人間社會啊！」

經過長時間的努力，他總算讓這些長期受苦的精神病患，得到較好的醫療照顧，於是他說：「經過了辛酸苦痛的掙扎，歷經了流淚嘆氣的日子，我們終於摸索出從地獄走到人間的坎坷道路。……但願從今以後，人間不再有地獄，我們不敢奢想過天堂中快樂的生活，只求在這有血、有淚、也有人性的人間社會，和所有的同胞一起共度分享苦難的人生歲月。我們深信：人間的愛會治癒我們長久以來心靈所

受的創傷。」

他一生中除了實踐醫學的愛之外，更積極地從事社會與政治運動，將這份對愛的信仰，淋漓盡致地奉獻給這塊土地。最終，經過數十年的探索，他選擇了理念相同的宗教信仰，在二〇〇八年受洗成為基督徒。

幸福的秘密——不求回報，無私的愛

老子《道德經》的總結說：「聖人不積，既以為人己愈有，既以與人己愈多。天之道，利而不害；聖人之道，為而不爭。」

真正懂幸福的人，不會積聚無用的錢財與資源，他們總是不吝於布施，給出去的愈多，心裏就感到愈富足，愈是為別人而活，生命就愈顯得偉大。真正的天道與幸福之道，都是行善而不傷害，努力付出，而不求回報。懂得愛人，甚至是不求回報、無私的愛，表示當事人明白，給出去，才會獲得更多的道理。如果焦點在自己身上，面對自己慾望的無底洞，總是處在不滿足的狀態當中，於是容易衍生貪婪、惡意、驕傲、憎恨、嫉妒等負向情緒旋渦，因為給不出去，也永遠都覺得不夠。

在愛人的過程中，焦點是放在他人身上，給的力量就是正向的力量，給得出去表示內在的能量是充足的，對自己是有自信、有能耐。因此，在給的過程中也會展現給自己，肯定內心的富足，衍生的情緒則是愉快、喜悅，尤其當接受愛的人露出感恩的言行，那會是期待與高興的表情，也會把正向的能量傳回給施恩的人，這時候會覺得高興、快樂，也可能會帶來得意與興奮，甚至狂喜的感受。

當別人看到施恩的人如此慷慨的義行之後，也會給予當事人讚美、甚至是實質的贊助，於是正面的力量與關愛又傳回給施恩的人，如此就建立相當良性的循環。如果施恩的人，在奉獻的過程中，又能感受到上帝的恩典，這源源不絕的愛與喜樂泉源，那愛的能量更是源遠流長。藉由「愛人與被愛」的持續循環，這些環繞的正向能量能將當事人的情緒狀態維持在正向情緒光譜內，穩穩地鎖在幸福的氛圍當中。

因此，聖經詩篇才說：「他要像一棵樹栽在溪水旁，按時候結果子，葉子也不枯乾。凡他所做的盡都順利」。擁有源源不絕的關愛來源（溪水），並且慷慨地把愛給出去（結果子），這種被愛與愛人的流暢情形，會讓當事人處於活力十足的狀態（葉子也不枯乾），像這樣大我無私的狀態，做任何事情都有如神助，自然一切盡都順利。

原來，幸福
離我那麼近！

Part 3

命運捉弄人？別掉入悲觀宿命的陷阱

溫柔的季節，你帶來了嫩芽，帶來了花朵。
給峰巒披上綠衣，給峽谷染上碧色；
那換上新羽的夜鶯放開歌喉；
斑鳩對著他的愛侶傾訴心曲。
……放眼一片勃勃生機，
一切的愁雲都已散卻，而悲哀卻漫上了我的心頭。

（溫柔的季節 Henry Howard, 1517-1547）

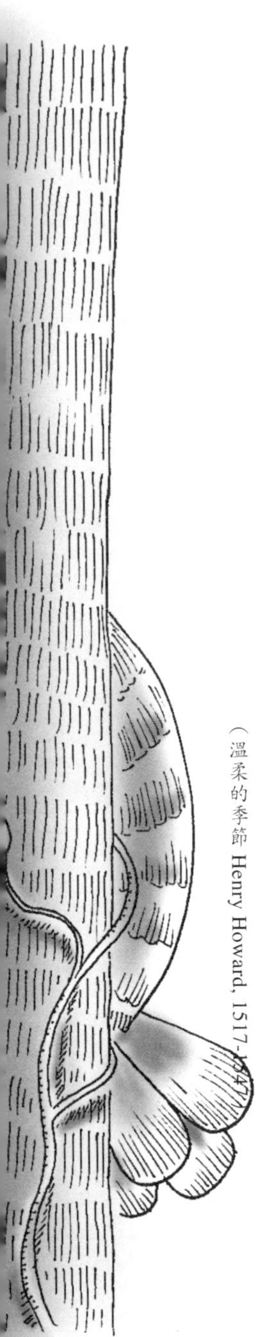

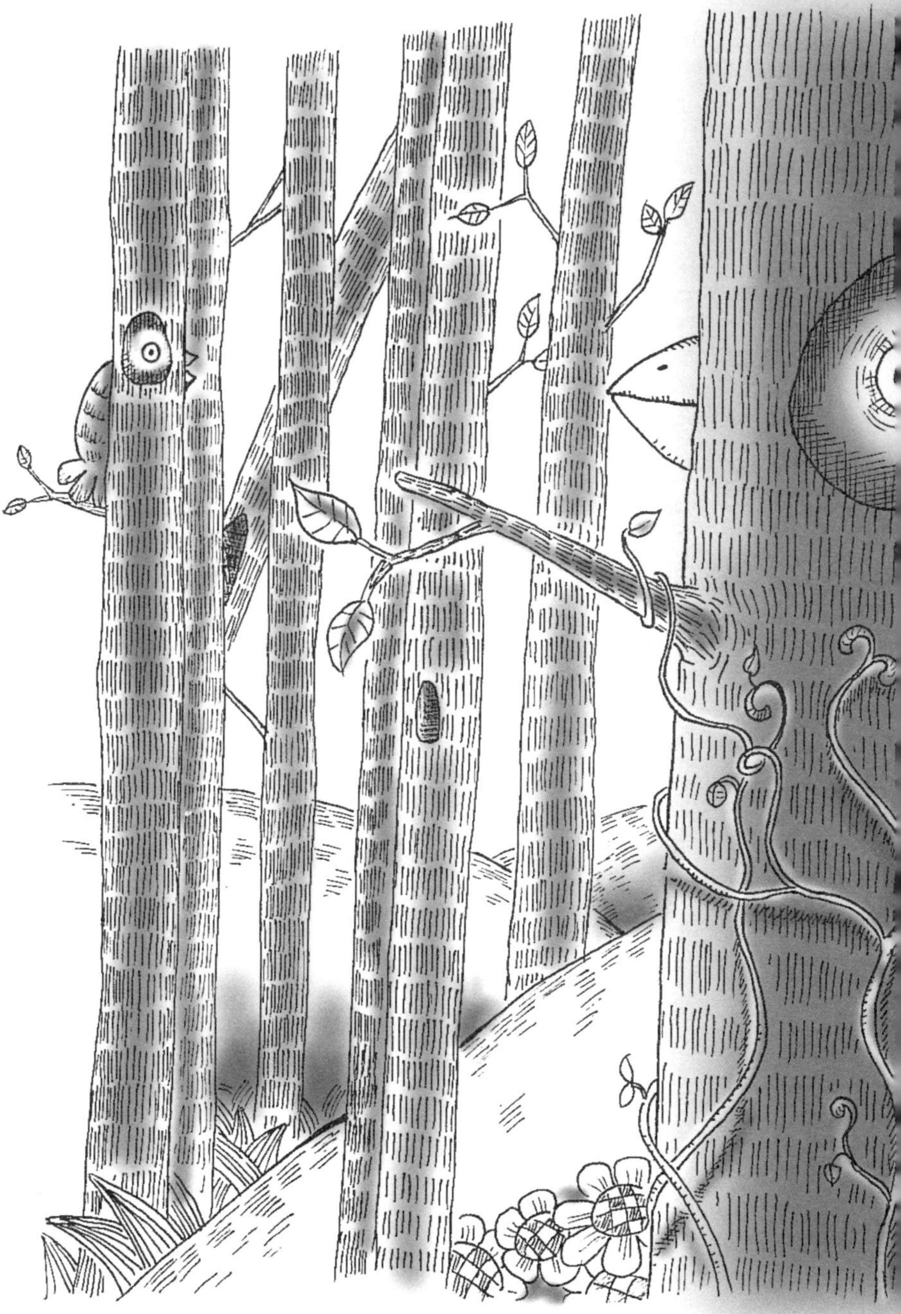

第11章　先入為主的迷思——以欣賞來取代嫉妒

藉由耐心的治療，自戀障礙者需要學到同理心的好處，以欣賞來取代嫉妒，開始尊重別人的存在與需求，讓自己有機會得以脫離「長久痛苦孤立」的宿命。

一位任性的女兒愛上窮帥哥，辜負母親原本釣金龜婿的期待。由於母親平時患有憂鬱症，在一次嚴重的爭執當中，女兒僅憑著有限的專業知識與想像力，加上潛意識不想讓母親阻撓其婚事的進行，先入為主地誤判母親病情，認為母親是精神病發作，進而將母親強制送進精神病院。

沒想到三天後，在其他家人的協助與堅持之下才從精神病院將母親領出來，事後經過長期追蹤，確認母親並無精神病發作，只是護女心切，手段太過激烈而已。於是母女結下難以解決、大逆不道的親情倫理大仇恨。之後，女兒結婚、生小孩的過程，母親一概缺席。這樣的僵局持續兩年多，最後，由母親打電話給女兒，女兒也在電話中流下懊悔的眼淚之後，母女團圓，但是心中的結與恨似乎難以就此平息。

其實母親只憑著女婿的經濟條件就完全否認一個人的價值，甚至預想女兒未來會過如何悲慘的日子，因而採取如此激烈的反對與抗爭行動，但事後女兒婚姻生活可是過得非常幸福美滿。

至於女兒因為對愛情重於麵包的堅持，不惜與母親正面對抗，但可惜也活在自己的想像當中，將母親變成嚴重的精神病患，進而犯下大逆不道的行為，將母親送進精神病院。母女畢竟就是母女，有著類似的思考模式、固執性格、激烈的手段，雖然暫時言和，但之後的家庭倫理戲如何繼續演下去，還有待進一步的觀察……。

幸福旅程的四大陷阱

丹尼爾·吉伯特教授的大作《Stumbling on Happiness》，在台灣中譯為《快樂為什麼不幸福》（時報出版），仔細讀了這本書之後，我自行將書名另譯成《幸福旅程的四大陷阱》。吉伯特主要的論點認為，人類因知覺與認知功能的有限性而經常造成偏差，以至於對過去與未來的想像常會出錯，特別對於什麼樣的事情會讓未來感到幸福這類的問題。

他認為人類的想像力有四大類的缺陷（或稱心理盲點），才會造成這樣的現象。分別是——

一、想像力常會對事情加斤減兩，以至於很多事情的重要情節都會被改編或完全忽略，這類潛意識所進行的思考調整過程，當事人並不清楚。此類思考模式稱為「現實主義」，或稱為**「先入為主」**，相信事物跟我們心中想的一樣真實。會在本章(第11章)當中做詳細的論述。

二、人類對過去或未來的想像總是根據現在的思考與情緒而定，因此大多會失真，此類思考模式稱為「現在主義」。人類常因無法寬恕且難以記取歷史教訓，而不斷犯下類似的錯誤，屬於針對過去的現在主義，稱為**「重蹈覆轍」**。會在第12章以豐富的案例來說明。

三、針對未來的現在主義，則有三種常見的情況，如因目光短淺而錯失良機，或被眼前的利益所誘惑而受騙，並造成重大損失，甚至受困於現有的環境而失去對未來的盼望，在此統稱為**「短視近利」**。在第13章與第17章當中，會有更完整的說明。

四、人類的想像力無法知道一旦事情發生之後，通常感覺起來會與當初所想像的差異甚大，因為心理防衛機轉的啟動，會讓壞事感覺起來不像當初想像的那麼壞，甚至不覺得是自己所造成的問題，此類思考模式稱為「合理化」，或**「自欺欺**

人」。第14章會以外遇事件為例，做為深入探究的主題

有趣的是，吉伯特教授在書中開宗明義地說：「人既不能卜算、也無法預見哪些情況會帶來快樂，只能不經意地在幸運時分，在世界盡頭的某處巧遇幸福，並像把握名利一樣趕緊把握這些時光。」他認為幸福還真只是「幸運得到福氣」，實在有些令人洩氣。

沒想到，他在書中的結尾加上：「尋找幸福沒有簡單的公式，但如果說出色的大腦無法讓我們穩當地走入未來，那它至少能讓我們了解自己的弱點何在。」也就是說，出色的大腦頂多只能知道自己為什麼終究是不幸福的，非常的悲觀吧！

此外，他還在內文中提到：「為什麼多數人在一生中會花費這麼多時間掌舵與揚帆，到頭來會發現那個香格里拉跟我們原先所想的不一樣。」也就是說我們不管多麼努力，到頭來可能都只是空歡喜一場。讓我不禁心中質疑吉伯特教授是不是相對悲觀的「虛無主義者」，看衰人類的命運。

其實我寫這本書，最重要的理由，就是想嘗試去挑戰吉伯特教授過度悲觀的看法，希望能找到追求幸福正確的方向，甚至鑽研出帶來成功希望的對治方案。

然而，無可否認的，吉伯特教授藉由許許多多的心理研究，的確也證實了人類想像力的四大類缺陷——即現實主義（先入為主）、現在主義（重蹈覆轍、短視近

利）及合理化（自欺欺人），是人類自己會走入不幸福境地的重要原因。因此，我希望藉由此書強調，幸福旅程當中，一不小心就可能會掉入這些陷阱，我們應該要好好地認識這許多的陷阱，且應該想盡辦法去面對與克服，並改走較為順遂的道路。

先入為主

- 「三十三歲、猶太人、醫師兼律師，父親與妻子也都是醫師。」
- 「三十三歲、猶太人、執業心理師、因車禍造成頸椎受傷而四肢癱瘓，妻子與他離婚，拋夫棄女、還要求高額贍養費，疼愛他的姊姊得腦癌。」

誰會過得比較幸福？

看著字面的描述，我們馬上會對兩人有相當顯而易見的聯想。年輕的醫師兼律師，有著富足、上層階級的家庭背景，人生旅途順遂，前途一片光明，加上擁有條件極佳的配偶，於是另一段美妙的生命旅程，即將順利地展現在眼前。

至於，另一段文字則描述年紀輕輕就四肢癱瘓的心理師，妻子不僅背叛，還回過頭向他索取高額的贍養費，強力的親情支援（姊姊）卻因癌症而危在旦夕，這是何等悲慘的命運打擊，必然是坎坷、痛苦綿延的一生，如果他還有能力輕生的話，終究會以自殺收場。

「先入為主」是我們人類理性的一大缺失，我們通常只會根據眼睛所見與耳朵所聽的表象，加上過去所聽聞的經驗，就輕易對事情下結論，甚至會相當偏執地與人爭辯。

事實上，第一位前途似錦的年輕醫師兼律師，生命以自殺告終，而四肢麻痹的執業心理師丹尼爾·戈特理布，卻堅強地活著，而且成為眾人的祝福，他堅強的生命韌性，不僅熬過上述眾多重大生活事件的打擊，而且經過重重的考驗之後，反而淬鍊出堅不可摧的人生智慧，透過他的執業（心理治療）、廣播主持與著作，正面鼓舞且治療了無數受苦煎熬的心靈。

我們之所以容易將兩人的結局做出完全相反的推測，其中原因之一是對他們的處境細節，有著刻板化的印象與錯誤的想像，在缺乏深思熟慮與深信不疑的情況之下，我們很容易就變成頑固的先入為主者，自信滿滿地根據大腦所編造、但我們沒有真正看到的細節來組織自己的想法，輕易論斷這些結局。

我們的問題不在於對無從得知訊息的想像能力，畢竟這是人類大腦必備的功能。然而，真正的錯誤來自於我們常不假思索就把大腦所想像、未經證實的事情，當成牢不可破的事實來看待，而且相當頑固且不容易被挑戰與改變。

其實，我們身邊常見許多固執己見的人，他們總是非常有自信地蜚短流長、對別人的是非描述得活靈活現，好像他們都不會犯錯似的。而當別人提出質疑時，他們也總說得出一番大道理，就好像完全身歷其境一般。其實他們也只是靠著豐富的想像力與先入為主的偏執，就毫無懷疑地散播二手的訊息，結局就可能對當事人造成嚴重的傷害。這類缺乏反省與專斷的思考模式與行徑，會讓人難以與其相處，別人通常也不再提出任何質疑，任由其思想停滯在不成熟的狀態當中。

年輕有為的醫師為何自殺？

其實這位年輕的猶太醫師，自幼即有語言、聽知覺、學習及社會情緒發展障礙，也常出現難以控制的暴怒、反應過度、神經過敏，而難以接受調教，最後則是靠著多年的心理治療，混亂的情緒與行為才告緩和下來。

由於得天獨厚的聰穎資質，讓他能以優異的成績順利完成中學、醫學系與法學系學業，甚至同時擁有醫師與律師的身分。

此外，家族有遺傳性的憂鬱症基因，母親、外祖母及哥哥均有憂鬱症病史，哥哥似有注意力不足過動症之傾向。由於父親情感表現疏離，母親則有著冷漠、拘謹、又嚴格的個性，三十多年來單獨照顧難纏的孩子們，自己愛人與被愛的權利相對遭到剝奪的情況之下，最終選擇離婚，並且長期為慢性、輕度憂鬱症所苦。

上述的先天體質與後天家庭環境的養育之下，使其表現出極端完美主義、非黑即白的性格，看似順遂的環境，卻逐漸形成強烈的精神痛苦、低度的化解能力且難以接受安撫，而且相當自傲，經常拒絕接受幫助。

此外，他似乎無法儲存、回憶或產生快樂的感覺，最後形成強大的自戀與痛苦之循環，過著不願受侵犯、以自我為中心的生活方式。加上恐懼親密感和不願意坦露自己的脆弱，不易建立穩定且有意義的人際關係，把別人都當成短暫降低痛苦所利用的工具。

由於反覆出現憂鬱症狀、精神痛苦、人際關係受挫與失落，在不斷耗去僅存的精神力量之後，脆弱的適應能力終至崩潰。逐漸形成堅固的「自殺信念體系」，自覺不被喜歡、絕望、無助、挫折忍受力低與成為別人的負擔。

最終，即使他擁有多好的學歷、家世背景，再多的社會、醫療資源，終究擋不住他自認為的巨大痛苦，選擇以自殺結束生命，留下親友對他生命中無數的驚嘆號與疑問句，並因而誕生《解剖自殺心靈》（愛德溫．史奈曼著）一書，以解答眾人的疑惑。

經過全美八位自殺專家會診分析，加上對眾親友訪談的結果，結論認為亞瑟自殺的原因就在於：「他的視野極度壓縮、集中、狹窄，且病態地把焦點都集中在『自我』上」，這也是自殺案例中常見的元素。

史奈曼認為，亞瑟的痛苦和自戀力量之強大，超過一般的專業能力所及，因此表示：「我不會試圖去改變亞瑟的個性，只會試著讓他的生命延續久一點。我們會一起發現，即使是他，也不會比白鯨記裏亞哈船長的個性更為複雜、深沉，心靈更黑暗、陰鬱。同時，我們也會一起學到，在生命遼闊的太平洋上堅持不下沉，並非只有一種方法。」

史奈曼也以日本裕仁天皇在戰敗之後，對子民們所說的話，預設成最主要的治療方向，即：「忍不能忍之苦，受不能受之痛，然後堅持活下去。」

總結說來，即使擁有極佳的天份、得天獨厚的家世背景，再好的條件，如果沒有好好珍惜，學會創造與維護幸福的能力，反而孕育出「自私、以自我為中心、過度自戀」的人格特質，終究會走入痛苦的深淵，命運難逃悲慘的結局。

自戀性格描述

自戀的本意為形容自我陶醉的行為或習慣，也被視為心理健康的重要元素之一。但過度的自戀就會變成一種病態現象，代表誇張、自滿、自負、自我、或自私的意義。

過度自戀者是嚴重先入為主觀念最典型的代表，幾乎完全使用自己的想像去詮釋他人的需要與想法，徹底的自我中心，一切的錯誤都是別人所造成，事情做得好也全是自己的功勞。

因此精神醫學針對此類自戀性格障礙者有如下的定義：表現出浮誇（幻想或行為）的一種廣泛模式（表現在各種不同的情境中），過度需要被讚賞，且缺乏同理能力，始於成年初期，表現出下列九項之中的五項或更多的特徵——

一、對自己重要性的誇大感（例如：誇大成就與才能，在沒有相當成就的情況下，卻希望被視為卓越超群）；

二、專注於無止境的成功、權利、才華、美貌、或理想的愛情等幻想；

三、相信自己「特殊」而唯一，僅能被其他特殊或高地位的人（或機構）所了解或與之相關聯；

四、需要過度的讚美；

五、認為自己擁有特權（例如：不合理地期待自己有特殊的待遇或別人會自動地順從自己的意願）；

六、人際關係上會去搾取別人來滿足自己；

七、缺乏同理心的能力，不願意去了解或認同別人的情感與需求；

八、時常嫉妒別人，但卻認為別人在嫉妒自己；

九、自大傲慢的行為或態度。

當然，一般人或許不會有這麼嚴重的自戀病態特質，但是只要是具備「先入為主」的認知缺陷者，多少會表現出一些上述的病態性自戀特質。因著這些自戀的想法，就會表現出相應的情緒與行為，而進一步造成溝通障礙、人際衝突，甚至影響實際的婚姻生活與工作表現。

自戀障礙者在成年初期，常會出現親密關係的障礙，並表現出明顯的「掠奪—遺棄」的型態。他們的戀情通常短暫且不滿意，在激情過後，對情人的愛戀很快轉變成鄙視或無趣，而選擇分手，並重新尋找能滿足其被崇拜、被肯定的個人需求，甚至能對其付出無條件的愛，且完全契合其個人想像的神仙伴侶。

他們結婚後，通常無法適應家庭生活。自戀障礙者常會因自己性格上的過度脆弱、依賴和亟需被肯定，對配偶的批評難以忍受，而過度感到嫌惡與苦毒，最終會形成慢性、自戀式憤怒，進而常以離婚告終。

即使在生命旅途中，幸運能得到成就與滿足，但終究要面對難以迴避的命運掙扎，如日漸老化、慢性疾病、身心障礙，甚至分離、失落和孤單，而感到痛苦萬分。

他們通常需要接受心理治療，才能擺脫因自戀特質所導致的種種生命磨難。藉由耐心的治療，自戀障礙者需要學到同理心的好處，以欣賞來取代嫉妒，開始尊重別人的存在與需求，讓自己有機會得以脫離「長久痛苦孤立」的宿命。

逆轉命運折磨的五個關鍵因素

至於四肢癱瘓的執業心理師如何做到逆轉命運的折磨？戈特理布幸運地得到車禍鉅額的理賠金，接受積極的醫療與復健之後，進步到可以自行駕著電動車行動。重大身體及精神創傷雖讓他身陷憂鬱症的痛苦深淵，但是他選擇接受長期且持續的精神醫療與心理治療，最終他戰勝了命運殘酷的折磨，並且用他豐富的生命體驗與成熟的智慧來幫助受苦的大眾。

他提出五種很重要的觀念，幫助心靈受苦的人重新回到幸福的軌道上。

一、放寬心胸：他說：「如果想要在成年之後有足夠的韌性，最好的辦法就是去面對逆境，並且從孩提時代就從逆境中培養韌性的特質。重要的是不要逃避問題，而要學習如何克服問題。

雖然有某些嚴重的問題可以順利解決，但是的確有許多難解的問題，會造成長期的身心痛苦，就得想辦法與它們和平共處。其中一個有效的方法，是用更寬廣的角度去看待我們的問題。

放寬心胸，你便有機會徹底改變這個世界。那些願意走出自我的囹圄並且幫助別人的病患，經常也痊癒得比較快。他們成為更大世界的一部分，他們自身的問題就再也無法填滿它。」

二、珍惜我們擁有的生活，生命就會更加甜美：他寫給孫子（罹患自閉症）的信上說：「當我活在與你相處的當下，覺察那個時刻發生的一切，我便覺得無比的喜悅。當我的心回到從前以及曾經失落的一切，我便感到痛苦難當，當我的心想著未來與渴望，我也同樣不好受。大人們的痛苦，經常是因為我們想要重拾過往美好的時光，或是沉浸在幻想的生活裡。那一天，你提醒了我：『珍惜我們擁有的生活，生命就會更加甜美。』」

他點出活在當下、珍惜所有，並享受美好時光的重要性。

三、多愛人一些、多愛一些人：「我們人類真正的渴求是什麼？就是平安與幸福。只有當我們坦然接受自己的身分與問題，真正的安全感才會來臨（尤其當我們在互相關愛、彼此了解的關係裡，這樣的感覺會更強烈）。仔細品味生活，你才會真正幸福。

全心全意去愛的人愈多，自己就會愈幸福，而那才會是真正的成功，才是身為成人最基本的責任。靈魂真正需要的，不是財富與名望，而是身為成人的責任：『每天都比前一天多愛人一些、也多愛一些人。』」

他特別強調，接受自我、全心全意去愛人、盡責任，是獲得平安與幸福最正確的方向。

四、大方接受他人的幫助：他也說：「熱心助人有助於腦內嗎啡（一種人體中天然的抗憂鬱劑）的分泌，同樣你的疾病狀態也會吸引別人想對你伸出援手，當他們對你伸出援手時，也會使他們自己感覺很好。

有時當我們情緒低落或身體狀況很不好時，可能會拒絕別人，或認定自己不需要任何協助。但是當我們大方地敞開心扉，不擔心對別人增加負擔，給別人機會來幫助我們的時候，就會看到很大的不同，別人也會欣喜無比。」

因此，雙向流動的愛（愛人與被愛），能讓彼此關係更加緊密地結合在一起。

五、療癒傷口、活在當下：最後他說：「所有痛苦的來源都是對昨日的渴望，我們以前擁有的一切，以及過去的自我。但是當痛苦消散的不夠快，我們就會怪罪自己為何無法克服、為何不夠堅強，甚至會怪罪自己當初為何如此脆弱。

傷口癒合的方法不會乖乖順從我們的願望，它有自己的方法與節奏。我們要有信心認定痛苦一定會過去，畢竟痛苦只是一種情緒，而沒有什麼情緒是會永遠存在的。你最需要的是時間，你不要渴望昨日擁有的一切，而應更努力體會當下掌握的所有。」

我不禁想像，憂鬱的年輕猶太醫師（亞瑟），如果能找上這位四肢癱瘓的執業心理師（戈特理布），並願意接受他長期的心理治療，是不是就有可能得到比較美好的結局。因為戈特里布所提到面對生命困境的態度，正好是年輕猶太醫師所欠缺且應該積極學習的人生態度與技巧。

完美病人絮語

「我是一個完美的病人，如果有錯，一定都是別人的錯。我會發病，都是因為母親沒有奉行愛的教育，對我施以不當的體罰所造成。雖然他們供我吃穿、上學，但是他們並沒有重視我的心理成長需求，在我成長過程常有不合我意的教養方式，以至於痛苦在我心中累積。雖然他們是別人心中的好人，但他們是偽善的，因為他們沒有善待自己的孩子。我恨！」

「我會發病也是老師的錯，因為他們總是偏袒別人，扭曲我的意思，惡意地對待我，讓我承受無窮盡的壓力。我會發病也是同學的錯，因為他們總是聯合起來欺負我、作弄我。」

「我的病情會惡化，則是醫師、護士的錯，因為他們沒有給我完美的藥，雖然病情改善，但我的精神變差、腦筋變笨。雖然我能順利考上好的大學，純粹是靠我自己的努力。但是我沒有辦法唸畢業，是老師的錯，因為他們刺激我，竟罵我笨豬，錯的也是醫師，因為他給的藥讓我變笨。」

「每次看醫師總是給我少少的時間，雖然他說已經很用心幫助我了，但是他還是在我的要求之下才安排心理治療、家族治療。因此，我沒辦法痊癒，也是醫師的錯。當別的醫師說，精神病不是病、也不一定需要吃藥時，醫師竟然給我這樣的診斷、給我吃這麼長時期的藥。我沒有復發，醫師不應該讓我吃這麼久的藥，因為我很可能早就復原了。所以，最後我選擇不吃藥。」

「病情會再度復發，也是父母的錯，因為他們從小到大逼迫我，我的病都是他們造成的。雖然，我也曾經笨得感謝過父母、醫師、護士，但是，最後我還是發病了。他們不是讓我發病、就是讓我變笨。結論，我還是恨他們。因為，我是完美的病人。還有，我所說的一切，都是對的。」

完美的病人所看到的問題，有部分也可能是真的問題，因為本來就沒有完美的父母與醫師，也的確會有排擠人的同學與傷害學生的老師。只是，完美的病人先入為主地忽略自己的問題與責任，且過度強化身邊恩人過去對他造成傷害的扭曲記憶，而不去重視別人對他正面的貢獻。

完美的病人，是一個徹底悲觀的人，記憶被憤恨所佔滿，沒辦法跟現實妥協，選擇批判別人，當成自己失敗的藉口。結果，作繭自縛地將自己綑綁在憤怒與怨恨當中，難以動彈。

然而，完美病人的陳述，也突顯醫療資源與現實的限制，也可以成為醫療人員反省的借鏡，畢竟雖然沒有完美的醫療，但有盡力的醫療責任，現代病人人權高張，完美病人的要求愈來愈多，但也驅策醫療人員的進步。

罹患精神疾病對個人信心的打擊甚大，因為疾病所影響的是身體最重要的器官——「大腦」，會直接影響理性與情緒的表現，病人大多感到非常地痛苦，甚至無法接受這個患病的事實。

然而，無法接受罹患精神疾病（無病識感），會付出很大的代價，因為無法接受及時的治療，總要等到疾病相當嚴重或拖過治療黃金期，才會被勉強送到醫師面前，結果大多已變成慢性化、大腦神經嚴重受損、甚至腦萎縮等現象。

因此對精神疾病患者而言，坦然接受患病是非常關鍵的態度，在接受積極與持續的治療之下，復原通常不是問題，只是服藥必須持續多久，要和家人、醫師密切的討論與合作。

戈特理布給了最重要的觀念：「如今我有信心能夠忍受自己的痛苦情緒。我相信即使我的憂鬱症復發，那也只是一時的，而我將能夠與它共處。」

如果疾病一時不能復原，甚至有復發的危險，那「與疾病共處」的平和態度就顯得十分重要。

此外，他也強調：「我們要有信心，相信痛苦一定會過去，畢竟痛苦只是一種情緒，而沒有什麼情緒會永遠存在。你最需要的是時間（與耐性），你不要渴望昨日擁有的一切，而應更努力體會當下掌握的所有。」

要珍惜現在擁有的一切，努力去發揮，而不讓自己停留在過去的美好或痛苦而無法自拔。

第12章　重蹈覆轍的創傷惡夢

——勇敢面對過去傷痛，療癒創傷情緒

「幼年時的創傷經驗，如果未經發覺、並經妥善處理，就有可能在生命中的某些時刻不斷重演，但卻是無助地重複創傷的經驗……」（佛洛依德）

小曼是個非常喜歡浪漫愛情故事的女人，她最喜歡三毛、席慕蓉的詩集，也非常迷戀徐志摩的情史。從小就認為自己是個公主，整天夢想著白馬王子的到來。由於從小長得實在太可愛了，成為周邊各年齡層的男性都想親近的女孩子。

事與願違，她成長的歷史，可說是不斷被性侵害的過程。鄰居的大哥、叔叔、舅舅，都曾對她伸出魔爪。父親早逝，每次她訴說上述的遭遇，都會被母親無情地斥責，認為她胡說八道。於是她只好忍氣吞聲，接受一次又一次的摧殘。

結婚前，也是因為被非男友的丈夫強暴，不得已而奉女成婚。婚後，不管她走到哪裡，也很自然地成為被覬覦、甚至性侵害的對象，包括廟裡的管理員、協助她

排除車禍的員警、賣衣服的店員……。

好不容易真正遇到心目中的白馬王子時，卻發現他是有婦之夫，於是所有遭害的創傷與暗戀的痛苦，就這樣天天折磨著她的心靈。她甚至會嚴重地自我傷害，以嘗試轉移內心的痛苦，就在這樣不斷痛苦的循環當中打轉。最終，在一次嚴重的自傷行動中，墜樓身亡，也結束了紅顏薄命的一生。

為什麼一個單純、愛做夢的美少女，在成長過程中，會變成這麼多人性侵害的對象？是她的運氣太差，還是她潛意識作祟，讓她不斷地像飛蛾撲火一般，重複陷入被性侵害的場景，一次又一次無助地陷入痛苦的循環當中。

有研究指出，遭遇火災倖存的孩子當中，有些會對火很恐懼，避之為恐不及，但另有一些孩子則酷愛玩火，趨之若鶩。類似的研究顯示，幼年被性侵害的女孩，長大之後也會有兩極化的發展，其中一群會對異性嚴重排斥，甚至有些就發展成同性戀者。另外一群則非常喜歡沉溺在性活動當中，導致性氾濫的現象，甚至成為娼妓的下場。此外酗酒者的女兒，結婚的對象最後往往也是酗酒者，離婚之後，再改嫁的對象，竟也是酗酒者。

這些都是非常可憐的受害者，又長期處於無助的狀態，他們很可能潛意識地想

去解決自己的痛苦，於是藉由重複面對同樣的創傷場景，希望能找到解決的辦法。

無奈的是，一旦面對類似的創傷，他們在情緒上就會自動退化成當初受創時無助的小孩一般，無可奈何，任由創傷無情地再度臨到自己的身上。如果沒有經過深入的心理治療，這樣的循環似乎無止境地發展下去，直到玩火自焚為止。

重蹈覆轍的心理機轉

吉伯特教授說：「記憶不像一張張的相片，而比較像是可以恣意發揮主題的畫家所揮灑而成的一幅幅印象派畫作。主題越模糊，畫家能揮灑的空間就越大，而且有關情緒經驗的主題，會顯得更加模糊。包括特殊情景、收尾時刻，以及關於自己當時必然覺得如何的理論，都會大大影響我們對於情緒片段的記憶，並嚴重折損我們從本身經驗中學習的能力。……記憶也會受到現在的想法、感覺與酒精的影響，特別是情緒，當我們在回想過去的情緒記憶時，特別容易以現在的素材來填補過去記憶的漏洞。」

由於進入人類記憶的資訊量過於龐大，因此大腦只能技巧性地擷取重點來存放。於是，在回憶的過程中，讓想像力有很大的發揮空間，加上想像力又相對缺乏時效性，因此，就讓現在的情緒與信念主導著回憶的實質內容。以至於讓記憶失真的可能性大大地提高，因此回憶錄與日記的比較，通常會有很大的出入。

既然人類的記憶容易因儲存的訊息不完全，而讓想像力有充足運作的空間，於是現在（目前）的想法、情緒與慾望，就會藉著想像力侵入過去的記憶當中，可能會以有意識的方式故意去扭曲歷史，或是經過潛意識去抹煞歷史，使得我們去推翻歷史的教訓而重蹈覆轍。會以潛意識的模式去抹煞歷史，通常當事人會有嚴重的情緒困擾，無法正常地面對，以至於被創傷的情緒完全掌控，而不斷地犯下同樣的錯誤，並不斷地陷入創傷的循環當中。

重蹈覆轍的展現，可能會有兩種形式——

一：對外的攻擊，就是啟動報復機制，結果就可能陷入不斷的報復、被報復的惡性循環，例如以色列與阿拉伯世界。

二：對內的攻擊，就是潛意識地傷害自己，可能會採取逃避孤立的生活態度，或是不斷陷入被傷害的循環。

因此，佛洛依德才說出這段經典的精神分析名句：「幼年時的創傷經驗，如果未經發覺、並經妥善處理，就有可能在生命中的某些時刻不斷重演，但卻是無助地重複創傷的經驗……。」

重蹈覆轍就是將兒時的經驗，以類似的情境重現。可能是被動地複製經驗，甚或主動地製造情境。如果兒時環境充滿語言暴力與恐懼，成人之後，似乎會較習慣於無助、絕望、被虐待與恐懼的環境中，而選擇會複製這類情境的伴侶。

其他典型的例子，例如總是認識那些佔自己便宜的酒肉朋友、找到難以升遷或發展的工作，盡做些明知會傷害自己的事，甚至與沒有未來的伴侶交往。更多相關的行為，包括暴食、酗酒、不安全的性氾濫、藥癮、工作狂、壞事連連、長期悲觀、渴求愛憐、經濟拮据、不斷地生病等，都有著類似的心理機轉。

有兩種可能的心理機轉來解釋這種情形；其一，重蹈覆轍是一種潛在的慾望，想要回到過去熟悉且習慣的情境，即使這樣做會造成傷害。因此要避免此一情形，必須想辦法將這類潛意識的想法，浮出變成意識可以檢視與思考的內容，並盡一切可能去避免接近或陷入類似的情境，而改以較為健康、雖不熟悉的情境，重新建立另一種良好的習慣。

其二，重蹈覆轍是為了重新造訪過去的創傷情境，潛意識當中試圖去駕馭創傷情境，並獲得痊癒。意即藉著過去創傷情境的重現，希望能藉由這樣的過程獲得勝利與成長。期待這是痊癒的必要過程，才有機會戰勝，並打破惡性循環。

前者比較類似一般常見的心理機轉與結果，以致於當事人常無奈地重複痛苦的循環。而後者必須是在有專業心理人員引導之下，藉由虛擬的情境，重回創傷現場，經過專業技巧的治療，努力地學習，才有辦法真正的駕馭，並完成療癒過程。

性侵害記憶的回復

這是一個在國外文章所報導的案例——

一位就讀初級中學的女學生，被父母送到醫院就醫，主要原因在於她三年來常鬧脾氣、不想上學，而且動不動就割腕，只要父母稍不符合她的意思，她就可以徹夜大吵大鬧、摔東西。翹課、抽菸、喝酒，是她平時生活的常態。功課一落千丈，老師也無力管教。有時候還會翹家四處遊蕩，只要一出門，父母就會擔心又會出什麼亂子。

來到醫院之後，該女孩保持沉默，而且一副倔強、被逼迫的模樣。父母簡單敘述這三年來女兒逐漸惡化的情緒與行為問題。醫師詢問相關起因何在？父母含糊帶過，未多做說明。由於她表現出憂鬱症的諸多典型症狀，包括情緒低落、憤怒、失去平時的興趣、注意力難以集中、失眠、食慾減低、自傷行為、容易躁動不安等，而且該等症狀嚴重影響其學業。醫師所下的初步診斷為「青少年期情緒障礙症」，且懷疑有「重度憂鬱症」的可能，並給予適當的心理支持與藥物治療。

回家之後，該女孩完全拒絕服藥，並且更加地憤怒、躁動、破壞家中的門窗與鏡子。而且不斷地吼叫說：「你們為何不敢跟醫師說明真相？」並且堅持要到醫院向醫師說明真相。

原來，女孩在幼年時期遭鄰居的青少年性侵害，然而在當時年幼無知，她並不明白這是怎麼回事，只知道不舒服，而且被恐嚇不能對父母談起，於是懵懵懂懂地日子就這樣過去了。直到小學高年級時，老師在課堂上針對性教育與性侵害的主題做了清楚明白的教導之後，她才恍然大悟，她在幼年時期被性侵害的記憶，全部鮮活地浮上來。

她鼓起勇氣對父母說明這個事件，他們也感到震驚、憤怒，卻不知所措。因為事情都已過了這麼多年，無憑無據，很想為女兒報復，但家庭背景單純，不知道如何逞兇鬥狠。全家人痛苦悲傷了兩週之後，父母一起對女兒說：「讓我們一起勇敢地來把這件事給忘了吧！」沒想到，女兒更加失望與憤怒，也開啟了長期叛逆、暴怒、失控的家庭悲劇序幕。

在女孩的堅持之下，父母與女兒再度來到醫院，把遭性侵害的事件原原本本地告訴醫師。於是，診斷加上「創傷後壓力症候群」。並且安排長期的藥物、心理與家族治療，甚至與學校教師及輔導老師定期諮詢，讓她的求學過程更加順利。在眾人共同的努力，加上她積極的配合之下，她的病情、情緒與行為逐漸穩定，最終復原，恢復正常的生活步調。

雖然女孩受創的記憶細節已經隨時間流逝而有所模糊，但是這些存在著的創傷情緒卻深深埋藏在她幼小的心靈當中，隱隱作痛。直到學校教育的介紹，才讓過去的創傷情緒記憶與痛苦一下子爆發出來。

由於年代久遠，舉證困難重重，已難以追究加害人的刑責。但是父母處理的態度，也絕非要求孩子將其復活的受創記憶再度壓回黑暗的角落，而是應該協助他接受專業的治療，進行持續性的創傷療癒過程，讓創傷情緒有復原的可能。才能避免受創情緒，進一步衍生為情緒、行為障礙，甚至變成恆久性的人格障礙，啟動不斷受創的痛苦循環。

亂倫下的陰影

阿櫻是位專業的復健師，平時待人謙卑和善，服務病患也相當認真、親切。但

是工作之餘，她的臉上總是眉頭深鎖、愁容滿面。她的感情世界相當坎坷，所交往的大多是不會受到親友祝福的對象，例如賭徒、酒鬼、有暴力傾向、對錢財需索無度等，但總不顧家人反對，非得落到遍體鱗傷不可。

前些日子她又開始與一位肢體殘障的病患交往，這病患不僅無業，還長得相當抱歉，每當他們兩位一起出現在親友面前時，「鮮花插在牛糞上」這句話就會浮現在腦海中，但是他們也大多習以為常，只是滿臉狐疑：「這阿櫻到底怎麼回事？怎麼老是找這樣的對象。」。

由於男友在短短時間內騙走她的百萬存款，在與男友爭吵之後，竟然被枴杖打成重傷，被送到急診。家屬終於忍不住，非得請精神科醫師看診不可，他們很想知道阿櫻總是找這類的對象來虐待自己的真正原因。

在一段心理治療的過程當中，阿櫻與治療師建立穩定的關係之後，逐漸打開心防，透露埋藏在她內心深處的痛苦。原來阿櫻母親早逝，靠祖母一手帶大，但從小就被大她六歲的大哥性侵，只是大哥是祖母眼中的金孫，無論阿櫻如何控訴大哥的獸行，祖母總是認為阿櫻胡扯，甚至還會對阿櫻怒罵毒打一番，於是阿櫻只能默默承受這長期的精神與身體的虐待。

所幸，阿櫻將悲痛化為力量，努力讀書，終於考上了大學，畢業後成為專業復健師，順利離家獨立生活。只是這樣長期的羞辱對她留下無法彌補的創傷，雖然外貌不差，但她總認為自己是不潔之身，不配得到幸福，甚至會刻意閃躲條件較好的交往對象。在她眼中，那些性格與肢體殘缺的對象，反而才是她所應得的。

阿櫻還透露，她常會與網友一夜情，甚至對被虐待的性關係特別有感覺，在這樣的關係之後，她一次次地陷入更為痛苦的深淵，更加地鄙視與唾棄自己的行徑，只是這一切似乎都身不由己。

第13章　短視近利的侷限人生——別被假性幸福矇騙

在這個詐騙橫行的時代，人類建立關係最重要的基礎「信任」，已經逐漸瓦解，可能會讓人際的距離更加疏離與遙遠，確實是人類文明發展的一大隱憂。

老子說：「天道無親，常與善人。」所謂善人，就是懂得做人做事、恪守良知、敬畏天道的人。然而，這個時代的人卻相當短視，為了極盡所能地謀取自身的利益，完全視天道為無物。

有一位被詐騙的受害者，訴說在一次被精心安排的聚會場合，座上有警長、地方民代。在酒酣耳熱之際，朋友開口訴說他有急難，需要調一百萬元頭寸。由於在場似乎有警察及民代的背書之下，不疑有他，慷慨領出一百萬借給朋友。其實警察與民代未必知道這是個被設下的局，就像產品代言人往往不知所代言產品真正的好壞一樣。

出於完全的信任（酒精的作祟、能和警長、民代平起平坐且稱兄道弟的虛榮假象）之下，甚至對朋友說不需借據、也不需要利息，兩肋插刀、義行相挺。在這樣的信任、虛榮、假性幸福感的有效期限內，朋友又再度調頭寸，要四百萬元。照樣一句話，領給他，即使配偶極力阻擋，都無法力挽狂瀾。若非借貸的朋友極力要當事人收下一個月後的支票，他還說不用收，因為這樣不夠朋友（信任的基礎）。

結果一個月後，你也猜得到的下場，支票跳票了。朋友避不見面，所謂警長與民代推得一乾二淨，因為他們只是去應酬，不知道雙方的交易與信用細節等，一概不負責任。於是該當事人，淨損五百萬，景氣差，工作沒有著落，孩子還小，接下來的日子怎麼過呢？

「百善孝為先，萬惡淫為首，長存仁孝心，則天下凡不可為者，皆不忍為，所以孝居百行之先；一起邪淫先，則生平極不欲為者，皆不難為。」（清．王永彬「圍爐夜話」）

看著老伯空洞的眼神、孱弱且乾癟的身軀，就這樣貼在肺結核的病床上，老伯母則在一旁泣訴他們悲慘的景況。原來，在七年前，他們的獨子，當著兩老下跪，希望他們能提供房地契去貸款，哭求這是他今生成功的唯一大好機會。因為，朋友在大陸開設一家工廠，需要合股資金，如果能搭上大陸經濟起飛的浪潮，那這輩子就有享用不盡的錢財。

兩老看著這位過去不成器的孩子，終於有了成功的希望，而且顯露真誠期盼的表情，哪忍心不給他機會。只是這輩子省吃儉用的積蓄，就這房子及幾分的田地，也滿心期待孩子能成功，讓他們真正安享天年。沒想到，這獨子把房地貸款之後，還極盡所能地二胎貸款，剝盡兩老一生的心血。

之後前往大陸，與其說發展，倒不如說是潛逃。因為，這七年來，音訊全無，對父母的生死完全不聞不問。甚且，陸續上門的債主，才讓兩老驚覺這獨子，早已在外欠下千萬的債務。如今，不僅讓他們生活陷入絕境，還得遭受債主無情手段的催逼。

詐騙不僅是陌生人的專利，親如子女、兄弟，都可能成為詐騙的元兇，開啟了這時代的信任危機。

吉伯特教授說：「如果過去是存在一些洞的牆；未來就是沒有牆的洞，記憶是運用填補的把戲，而對未來的想像力本身，就是填補的把戲本身。現在會輕微地渲染了過去的記憶，那現在也會徹底灌注想像中的未來。大多數人無法想像明天跟今天會有多大的差別，尤其難想像的是，到時候我們的想法、慾望與感覺都會大大地不同。」

「當大腦要想像時，會找『感覺區』來幫忙。當我們同時要去看實際和想像的物體時，大腦通常會核准第一個要求（實際的事物），因為大腦必須對現實的知覺視為首要之物。如果大腦沒有設定此種原則，當想像出現綠燈時，你就可能闖過實際的紅燈而出了車禍。要分辨知覺與心智圖像是容易的，除非我們喝了不少酒。但要分辨現實情緒體驗或想像的情緒體驗則相對困難。」

一般來說，心智圖像通常不具有時效性，運用的原則為空間的變化、與比較效應，當下的感覺與想法，對未來具有強力的影響與參考意義，時間又是不固定的概念，因此只能根據現在有限的時、空、背景去推測未來。如果沒有跳脫現在的限制，或借用他人的智慧，必然看不見未來會有多大的不同。

因此，吉伯特教授深切呼籲：「現在主義的侷限，就在於我們不明白未來的自己，不會以現在的方式來看待自己（因為未來的時空多變，心境也會隨著改變），這種不懂得從後半輩子的眼光來看事情的重大缺陷，是未來學家所遇到最棘手的問題。」

通常我們只能習慣於現有的思考模式與視野來生活，不敢脫離現有的常軌，習慣於不改變。即使生活得一團糟，倒也習慣受苦的滋味。因此對未來的現在主義，就統稱為短視近利。

我們可能容易被眼前的誘惑所騙，而不知道未來的危險，在本章後半段會有詳盡的描述。或是缺乏夢想的能力，只能看到眼前有限的好，看不到未來更遠大的可能，而錯失良機。也可能被現有的疾病或重大生活事件所困，失去盼望，而不知道受苦的意義。於第17章「夢想與盼望」當中，也會有詳盡的解釋。

就憂鬱者的眼光來說，當他想到未來時，無法想像自己喜歡的事，因為他很難在當下感到幸福，更難相信未來會感到幸福。當我們忙著對實際的當下感到不快時，就不可能對想像中的未來感到舒服，因為這就是現實優先原則的必然結果。

因此，當心情憂鬱時，想到未來時，就會把現在的憂鬱情緒與悲觀的信念滲透至未來的想像當中。想像力無法突破當下侷限最重要的原因在於，這時，必須借用現實知覺所擁有的機制（保護安全的現實原則），但卻無法跳脫現有格局（感覺、情緒、想法）的限制。

相對地，就躁症、借酒澆愁、吸毒者來說，他們有個非常共通的特點，就是當他們因疾病處在躁症狀態、或藉由酒精、毒品進入躁症或假性幸福狀態時，他們的情緒狀態就會處在愉悅到狂喜的正向情緒光譜當中。

於是他們處在這段時間內，對過去、與未來的想像全部會依現在的假性幸福狀態來詮釋，以至於會過度膨脹過去事件的正向層面與感覺、未來的希望與光明，忽略了過去的痛苦與教訓，也忽略了未來的危險與可能造成的不良後果，進而會採取對自己相當不利的決定而不自知，如不當的投資、性氾濫、超速開車⋯等。直到事後，遭遇嚴重的後果時，才悔不當初。

將他們的幸福狀態稱為假性，主要理由在於，躁症是嚴重精神疾病狀態，通常會因判斷力異常而作出不當的衝動行為，如果沒有藉由藥物治療或住院治療，通常他們會完全耗盡正向能量（內分泌），最後會進入另一個情緒極端，憂鬱狀態。

而酒精與毒品會在腦部激發幸福的內分泌物（通常是腦內嗎啡），但通常效用短暫，而且有害。使用毒品引發的興奮或幸福狀態，與真正非使用藥物所感受到的幸福感受，對當事人來說，通常無法清楚分辨兩者的不同。

然而，毒品作用不僅有時間性、而且是藉由耗盡腦內正向能量的方式來進行。

在使用毒品的初期，確實是處於幸福狀態，中期則必須劑量愈用愈高才能得到初期的幸福程度，但後期則因正向能量（內分泌）已耗盡，使用毒品不再帶來幸福感，而變成只是為了避免沒有使用時產生戒斷症狀的痛苦。因此，吸毒者難以戒治最主要的原因，除了渴望初期的假性幸福感之外，也是為了避免戒斷症狀的生理及心理痛苦，特別是能量耗竭後所產生的憂鬱狀態。

信任的危機

早期詐騙手法最常見就是所謂的金光黨，通常是兩人同行，鎖定教育水準較低、身上穿戴金飾的婦人下手。使用的手法常是一開始對當事人極盡誇獎讚美之能事，引發當事人虛榮、幸福與快感（掌握現實原則），以取得完全的信任，並卸除戒心。

可謂使用甜蜜言語將當事人灌醉，降低當事人的警覺性，因此同樣讓當事人陷入短視近利的狀態當中，只會想像未來充滿希望與幸福感，而完全無法分辨未來的危險性。

然後，再藉由人性的弱點——貪婪，告訴當事人另一位同伴是富有且身懷鉅款的低能兒，可以一起來欺騙他，賺取暴利。於是在假性幸福的受騙狀態下，讓當事人不疑有他，將家中最值錢的東西或郵局存款領出來，結果得到的卻是磚塊、報紙或假鈔等所謂的戰利品。等到假性幸福狀態時間褪去之後，才驚覺自己上當了。由於是自己貪婪所造成，羞於對別人承認，於是編造出不記得過程，總說聞到什麼迷魂香，然後就不省人事了。

這樣的場景與心理現象來到這個詐騙橫溢的時代，依然盛行，甚至一發不可收拾。因為人類這種不懂得從後半輩子的眼光來看事情的重大認知缺陷，確實是未來學家所遇到最棘手的問題，也是詐騙能屢屢得手的原因。從政治造勢場合、誇大不實的廣告代言、股市榮景變成金融海嘯、甚至電話詐騙，通通都是利用這樣人性的弱點。

我們總是會被一時的興奮、快樂沖昏了頭，然後就依感覺行事，任人擺佈了，記不記得這句廣告台詞：「台股上看兩萬點，現在是賣房子來買股票的時候了！」這些類似的公然詐騙現象，讓許多省吃儉用的家庭陷入前所未有的財務風險。

除了利用人性的貪婪、女性的愛美與虛榮心以外，還會利用人性的恐懼來施行詐騙。「你如果不選我，台灣就會完蛋了。」、「妳如果不使用某某產品，你就會變醜、老公就會外遇。」、「你如果不匯十萬元，你的孩子就會死於非命。」……等。

內政部警政署公布在台灣地區每年詐騙的案件平均高達四萬多件，二〇〇六年案件統計當中最多的就屬電話詐騙，佔了百分之三十五，「中獎詐騙」、「信用卡詐騙」、「恐嚇詐騙」三種最具代表性；其次分別為詐騙款項（百分之十六）、假冒名義（百分之十二）、網路詐欺（百分之九）。

詐騙歹徒中男性佔百分之七十四、女性佔百分之二六；至於詐騙受害人當中男性佔百分之五十七、女性佔百分之四十二。詐騙受害人的年齡，則以二十四至三十九歲居多，依人數比率遍及各年齡層。而受害者當中，卻是平均遍佈於各種職業與專業程度。至於詐騙金額，據二〇〇六年的統計，超過四十億台幣，相當驚人。

這些詐騙的騙術，通常是使用人類短視近利的認知盲點，一旦進入被設下的心理圈套，就難以脱身。然而現在受詐騙的對象，已經從無知的老婦，拓展到高階知識份子、甚至知名醫師、律師、高官也不例外，從上述的統計資料當中，也可看出受害者是不分性別、年齡，甚至是職業與專業程度。

詐騙集團已經升級了，而且是曉透人類心理弱點的專家，藉由標準化流程，如「引誘接觸」、「設計説服」、「行動指示」、「獲利隱匿」等四階段，讓現代人一個個進入他們精心設下的心理遊戲圈套。只有「不接觸、盡快不搭理、掛電話」，甚至採用一套自家人的標準預防程序，讓詐騙的階段不要蔓延下去，否則愈到後面階段，愈難脫身。這是人性的弱點與認知功能共通的盲點，不要輕易去挑戰你自己的極限。

其實詐騙除了陌生人會做之外，親朋好友如果懂得這樣的心理機轉，更容易讓當事人受騙，因為還加上這層親情或友誼的障眼法，讓當事人在既有信任的基礎之下，更難脫身。

在這個詐騙橫行的時代，人類建立關係最重要的基礎「信任」，已經逐漸瓦解，可能會讓人際的距離更加疏離與遙遠，確實是人類文明發展的一大隱憂。

詐騙心理學

詐騙的成立包括三大要素——受害者、脆弱的防範體系、和心懷不軌的騙徒。科技的進步使得騙徒有更多施行詐騙的管道，電話、電子信箱、網路銀行及信用卡等。而防範體系（檢察與法律）卻追不上日新月異的科技發展。

然而無論詐騙方法如何層出不窮，這終究只是詐騙的一個面向。成功的詐騙除了需要一系列的技巧之外，還需要具備一顆積極尋找獵物與迷惑他人的心。技術高超的詐騙者能夠透過眼神或對話，來看穿受害者的弱點以攫取信任，然後迅雷不及掩耳地背叛、揚長而去。這種能力確實罕見，可能必須具備某種特殊的欺騙性格（如：泯滅良心的政客）。

這些詐騙者常使用有效的心理策略，來讓自己隔絕罪惡感，即所謂的「中和反應」，最常見就是將受害者視為「活該」，是他們自找的，誰叫他們這麼貪心？另一種心理策略稱為「貶低受害者」，如認為這些受害者是「白痴」。不過這兩種態度，較不容易在面對面的場合出現。

而電話與網路則提供詐騙者與受害者保持絕佳的情緒距離，提供足夠的虛擬情境，讓上述中和反應的心理策略得以順利進行，因此讓詐騙者更容易選擇遙控的詐騙模式。

當我們成為詐騙受害者時，其實我們自己也加入了自我欺騙的行列，詐騙者不會提供完整的故事，就像魔術師一樣，會留下許多想像空間，讓觀眾自己去下結論。這種填補故事空隙的習性與動機，讓詐騙者可以輕易地操控受害者潛在的強力心理動機—貪婪與恐懼。

當我們相信別人可以讓我們致富（貪婪），或是認為他們可以豁免我們對某些事物的恐懼，因此我們就有強烈的動機去信任他們，忽略潛在的危機與不合理的線索，而主動去填補他們所提供故事的空隙，並且主動地跳入被完美設計的陷阱。

一旦我們陷入詐騙當中，另一種重要的心理因素就會登場，也就是詐騙發生之後，因為自尊心作祟，當事人很少會向他人訴說，甚至潛意識地尋找各種方法來捍衛自尊心。我們會過度尋找捍衛白尊心的訊息（現在的心理需求），而輕易放過威脅自信心（未來造成財務重大損失）的訊息。因此，當事人會相當不願意接受自己是「受害者」的角色，而不願意將被詐騙的事情告訴他人，因而錯失別人可以勸告與幫助的機會，而讓詐騙者輕易得逞。

節制慾望與謙卑求助

聖經詩篇明白地說：「不從惡人的計謀，不站罪人的道路，不坐褻慢人的座位」，是避免不幸福的基本要件，正好是面對詐騙最需要的心理態度。

不站罪人的道路，提醒詐騙者，「罪人的指望必至滅沒」，畢竟位居惡人的行列，違逆天道，逃得了一時、逃不了一世，終至報應、罪無可逭。積聚詐騙所得，終究都是身外之物，生不帶來、死不帶去，如果此生最終的收穫，是帶著「惡人」的標記，臨死必然會帶著恐慌與不安，而不得善終。

原來，幸福離我那麼近！

不從惡人的計謀，不會輕易被誘惑、或落入試探。正確的態度，就是能節制慾望、安分守己、知足常樂，不想投機取巧、貪圖別人的錢財，就不會落入壞人所設下的心理圈套，而蒙受更大的損失。

不坐褻慢人的座位，意指謙卑、不傲慢、敬神、不會目中無人。一旦遭遇中獎或恐嚇詐騙，即使一開始已經犯了小錯，如果能適時承認自己的錯誤，謙卑地與身邊的至親好友討論，研商對策，也就不會一錯再錯、被一騙再騙。畢竟一個人的智慧有限，特別是陷入人類心理盲點的陷阱時，如果沒有求救與討教的習慣，再聰明的頭腦，都可能反被聰明誤。

第14章　自欺欺人的假象

——擁有真正寬恕的心，才有美好的未來

如果沒有寬恕的心態、背景與文化，認錯就會變得困難，因為認錯可能就會變得徹底失敗、成為被嚴厲懲罰與對待的對象、無地自容。

蛇對女人說：「神豈是真說，不許你們吃園中所有樹上的果子嗎？」女人對蛇說：「園中樹上的果子，我們可以吃；唯有園當中那棵樹上的果子，神曾說：『你們不可吃，也不可摸，免得你們死。』」蛇對女人說：「你們不一定死，因為神知道，你們吃的日子眼睛就明亮了，你們便如神能知道善惡。」

於是，女人見那棵樹的果子好做食物，也悅人的眼目，且是可喜愛的，能使人有智慧，就摘下果子來吃了；又給她丈夫，她丈夫也吃了。他們兩人的眼睛就明亮了，才知道自己是赤身露體，便拿無花果樹的葉子，為自己編做裙子。

天起了涼風，耶和華 神在園中行走。那人和他妻子聽見神的聲音，就藏在園裏的樹木中，躲避耶和華 神的面。耶和華呼喚那人，對他說：「你在哪裡？」

他說：「我在園中聽見你的聲音，我就害怕，因為我赤身露體，我便藏了。」

耶和華說：「誰告訴你赤身露體呢？莫非你吃了我吩咐你不可吃的那棵樹上的果子嗎？」

那人說：「你所賜給我，與我同居的女人，他把那樹上的果子給我，我就吃了。」耶和華 神對著女人說：「你做的是什麼事呢？」

女人說：「那蛇引誘我，我就吃了。」《聖經創世記第三章1～13節》

聖經創世記當中，存在這一段經典的「自欺欺人」戲碼。蛇一直以來，都是誘惑的象徵，夏娃與亞當，禁不起誘惑，分別吃下了那園中不可吃的果子。當耶和華來審問他們的時候，這些受誘惑的錯，全部推給了別人，亞當推給了夏娃，夏娃推給了蛇，這都是非常典型的自欺欺人。

因為他們就是不肯承認是自己貪婪的錯，而一味地推卸責任，原因是怕遭受懲罰。但無法勇於認錯、並確實改進的結果，人類就長久陷入慾望、誘惑、推卸責任、遭受懲罰等惡性循環的歷史當中。而這樣的循環，同樣還在人類的生活當中運行，是人類不幸福非常重大的原因之一。

莎士比亞《哈姆雷特》第一幕第三景，Polonius訓誡兒子Lertes一大段話之後，以這句話做為總結：「最重要的是不可自欺欺人！」

自欺欺人，又稱為合理化，指潛意識地使用一種似乎有理的解釋、而實際上站不住腳的理由，來為其難以接受的情感、行為或動機辯護，使自己或他人可以接受的心理防衛現象。

自欺欺人通常有三種表現——

一、是酸葡萄心理，即把得不到的東西說成是不好的，例如：約會被拒絕，就說對方不是他的菜。

二、是甜檸檬心理，即當得不到葡萄而只有檸檬時，就說檸檬是甜的，例如：瘌痢頭的兒子是自己的好。

三、是投射，此種防衛機轉是指將個人的缺點或失敗，投射給其他理由，變成別人的錯，例如：考試太差，理由是老師出題太難；自己外遇，反而認為妻子不賢淑，好像自己犯錯是應該、合理的。

自欺欺人的目的是為了掩飾自己的錯誤，以降低焦慮、維持自尊與形象。如果事情成功，就認為是自己的功勞，不懂謙卑與感謝；失敗了，就推說是別人的錯。這些心理防衛的目的大多為了錯誤或失敗，以維持個人內心短暫的安寧，但無法勇敢面對錯誤的真相，以至於無法檢討與改變，錯失成長的契機，長久而言，反而為當事人帶來更多負面的結果。

二〇〇七年，韓國官方針對資深新聞從業人士、報社評論作家、各大學會會長及全韓國各大學教授聯誼會的會長們等知名人士進行問卷調查，結果出爐，將「自欺欺人」選為該國當年度的代表字句。他們認為「自欺欺人」是「同時欺騙自己和他人」的意思，也是對道德風氣敗壞的警惕用語。自欺欺人也被比喻為無法抑制自身的欲望，所從事的行為，可以是故意的，就稱為說謊，也可以是透過潛意識所進行的心理需求，稱為合理化。

當年，在韓國不斷出現捏造學歷、論文抄襲、研究造假、官商勾結案件等，凸顯自欺欺人的情景已經非常地普遍。提醒他們的全國人民，應該好好重視這逐漸敗壞的道德風氣，並且深刻檢討與反省，該如何來扭轉這樣的社會文化發展趨勢。

戀上小姨子

大雄是一位成功的企業家，在外的形象極佳，由於精力旺盛且交際手腕靈活，經營多家公司，而且也身兼多種協會的理事長。而太太的妹婿也是相當成功的企業家，卻不幸英年早逝，留下龐大的企業，以至於亟需家族協助經營。

於是大雄成為當然人選，接手協助小姨子的企業，並且經營得有聲有色。由於大雄事業成功，但關懷妻兒的時間相當有限，以至於妻子必須兼顧家庭與輔佐丈夫的事業，歲月的折磨，體態與氣質都逐漸走了樣，反倒是小姨子養尊處優，還保有姿色與高貴氣質，深深吸引大雄的目光。

於是大雄常假藉關懷寡母獨子的機會，經常造訪小姨子家中。但礙於家族名聲，又不敢明目張膽追求，只是看在妻兒的眼裏，非常不是滋味。在一次家族聚會的酒後，他竟然公開訴說自己「喜歡小姨子，因為從小姨子身上看見妻子過去優雅與溫柔的身影。」於是，一場家族風暴就這樣襲來，妻子緊迫盯人，小姨子尷尬閃躲，但是大雄竟不以為意，堅持自己的立場。

「我堅持坦白，我喜歡的是小姨子身上存在過去妻子優雅的身段與氣質，而非小姨子本人，我的妻子太大驚小怪。」「男人在外奮鬥，希望妻子將家庭打理好，讓我無後顧之憂，但是現在妻子不僅失去過去優雅的身段與氣質，甚至還天天緊迫盯人，讓我失去自由，真是豈有此理。」

「我還請所有的家族一起聚會，讓大家一起來評評理，讓家族知道是太太在無理取鬧。」「我在外呼風喚雨，沒有人不信服我，就只有太太到處惹麻煩，難道要我用處理事業的手段來處理她嗎？」「我堅持的原則就是坦白，我不想欺騙別人。」「我接近小姨子是因為她已守寡，需要別人的關懷，我還算是照顧太太的親妹妹呢，我做得這麼好，還要懷疑我？」

其實大雄所謂的坦白與照顧小姨子的陳述，也只是自欺欺人的典型表現。大雄辯論的焦點在於自己的坦白、不說謊，而完全無視於妻兒的感受，因為他這段時間的言行舉止已深深傷害了跟隨她數十載的妻子。

結果他不僅嚴厲批評了糟糠之妻的外在形象，忽略對自身家庭的照顧，還對小姨子糾纏不清，引起全家族的騷動。然而，他非但看不見自己的問題，還大舉開家族會議數落妻子的不是，在在都讓妻子痛不欲生。但這一切，妻子完全忍讓下來，反而擔心大雄這陣子的情緒起落過大，是否生病了？無微不至地陪伴就醫，無怨無悔。

期待寬恕的文化

如果沒有寬恕的心態、背景與文化，認錯就會變得困難，因為認錯可能就會變得徹底失敗、成為被嚴厲懲罰與對待的對象、無地自容。因此，說謊、自欺欺人就會成為人性的常態。

相對地，如果我們認定犯錯是人的天性，每個人在某些情境都可能因人性的弱點而犯錯，只要能認罪、悔改、承擔責任，都能重新被接納，重新再出發。畢竟人類的智慧與成長，多是從無知、犯錯而學習、增長智慧的過程。最深遠的寬恕文化，可以做到「在還沒有犯錯之前，我就已經原諒你了。」因為這是每個人成長必經的路程。

心理學上，完美主義認為完美是可以而且必須被達成的標準。而完美主義者則帶著較為負面且病態性的意涵，認為所有工作或成果如果不達完美標準，就無法被接受，這是不健康的信念、對自己或他人造成負面的壓力。因為它會讓人無法接受瑕疵或失敗，進而想盡辦法掩飾、合理化自己的行為，以避免承擔無情的批判。

成功順遂的人生道路，往往是培植完美主義者的溫床，塑造出唯我獨尊的信念，反而因無法接受挫折、失敗，錯失人格成長的契機。一旦面臨真正的失敗與人

生難免的危機，反而因無法自省，結果就更加一蹶不振。

所謂愛情潔癖，包括處女情結，都是某種形式的完美主義者，對情侶或夫妻可能會造成嚴重的傷害。很多個案會問要不要將被性侵害的歷史告訴戀愛的對方，這不是一件容易回答的問題，但是確實有不少女性選擇坦白之後的下場悽慘。

在感情順遂時或許無恙，一旦爭吵起來，昔日的舊帳就會被翻出來，而且不堪入耳的辱罵，經常輕易地就被宣洩出來。如果這時代仍然沒有寬恕文化的涵養，坦白反而可能讓自己陷入極大的危機。人非聖賢，誰能無過？更何況還是性侵害被害人，何過之有，只因為對別人完美的苛求！

很多陷入外遇風暴的夫妻，經過痛苦的掙扎而幸運地破鏡重圓之後，卻因愛情潔癖的作祟，而陷入另一場婚姻風暴當中。門診當中有無數的個案，因為無法原諒配偶過去的不忠，強迫性地想著過去配偶外遇的細節、與第三者過著甚麼樣的性生活等，而長期讓自己陷入憤怒與怨恨，甚至陷入慢性的憂鬱當中，讓不幸福無限展延。

有些個案在平靜的生活中，還會故意撩撥過去的傷痛，例如：「能不能把你的外遇羅曼史說來聽聽？」夫妻之間的親密關係，實在是**「沒有寬恕，就沒有未來」**，只有學習透過真正的寬恕，才能為彼此的未來，許下美好的願望。

許多傳統的婦女，都認為只要好好地照顧家庭、孩子、甚至安分地工作，就是對丈夫愛的表現，讓丈夫得以無後顧之憂地開創事業。但往往因為上述所謂份內的工作，就佔去她們生活中所有的時間與精力，而無暇去經營夫妻的感情。

結果，隨著歲月的流逝，丈夫的事業也達到一定的成就之後，因為疏於經營而逐日淡去的親密關係與感情，反而成為丈夫外遇的最佳藉口，表面上所謂的模範夫妻，卻早已貌合神離，結果丈夫就把成就與幸福轉而與另一位可以全心全力、熱情地待他的女子共同分享，留下震撼、驚惶失措的糟糠之妻，獨自飲泣。

有了這許多的警惕，讓具有傳統美德的婦女們，應該要覺醒，在這個傳統道德價值觀逐漸解組崩壞的時代，除了安分守己的美德之外，對家庭幸福的學習與營造、積極經營夫妻親密關係，是防範家庭受到外遇襲擊非常重要的方法。而一旦躲不過外遇風暴的襲擊，則要進一步學習如何面對問題、解決問題、寬恕、破鏡重圓，重新回到幸福的軌道上。

出軌

有一對過去人人稱羨的神仙美眷，丈夫阿勇卻深陷不倫之戀，令身邊的親友扼

腕不已，深嘆幸福就像空氣一樣，當擁有的時候，看不見也摸不著，於是往往不懂得珍惜，一旦失去之後，才會了解它是多麼的重要和珍貴。

成年男子如果正值成功的巔峰狀態，特別容易陷入女色的誘惑，在自我實現、自傲自滿的狀態之下，過度膨脹自己、外表也顯得自信、有吸引力，加上權勢、財富、地位的襯托之下，對追求浪漫、戲劇化生涯的女子來說，更加魅力十足。

於是，個人主義高張的氣焰之下，一個追求自我、一個尋求浪漫，一拍即合。畢竟是不倫之戀，如果週遭環境再給予壓力與逼迫，可能變成生命共同體，進而在情緒上與眾人隔絕，彼此相許、以全然的生命相愛。

當事人在自我封閉的情境中享受甜蜜的愛情，眾人則在他們所縱放的火焰當中，深受煎熬。人雖然可以為自己而活，但前提是不能損及他人的權益，特別是自己的妻兒、身邊的至親好友，甚至週遭的社群。這樣沉迷於愛情當中，絕非幸福的真義。

不倫之戀通常沒辦法得到真實的祝福，因為本質上就是自私、欺騙、傷害、將自己的快樂建立在眾人的痛苦之上。因此，不倫之戀通常無法得到真正的祝福，甚至是天理難容的。其實夫妻感情露出間隙，不倫的幽魂就無時無刻等待入侵。如何維護家庭的倫理價值？如何修補或重建一度淡去的夫妻情感？如何避免女色的誘惑，正是現代台灣社會當中，令人感到深度隱憂的課題。

人類的慾望，如果不加以妥善節制，通常都會透過自欺欺人的障眼法，騙過自己的理性，讓自己看不到一點危險，或是總以為自己只會淺嚐即止，但其實不然。慾火焚身的結果，凡人幾乎都無法脫身，非得撞得粉身碎骨不可。同樣的道理，當發現配偶不忠，憤怒與怨恨同樣是人類（攻擊）欲望的一部分，如果沒有適當加以馴服，這頭瘋狂的猛獸，通常也會失控地把當事人帶到無可挽回的悲劇路上。

於是杜斯妥也夫斯基在他的著作《地下室手記》中說：「即使蒙受世上所有的祝福，沉浸在快樂海洋，極目所望全是樂事；給他所有財富上的滿足，不需要做任何勞苦的工作，每天都錦衣玉食，狂歡作樂。在這種情況之下，人還是會忘恩負義，故意和你搗蛋，他甚至會不顧自己生活上的安定，故意作出最致命的蠢事，最不划算的荒謬行徑，僅只為了在美好的生活裡，添加一些想像力的元素。這只是他的幻夢，他的低俗愚行，他有意保留著，只為了向自己證明人畢竟是人，而非鋼琴上的琴鍵。」

說不出口的心痛

阿美從事金融商品服務業，憑著姿色、認真付出與不認輸的毅力，不到三十歲，全公司一半以上的業績都出自於她個人的貢獻，也為老闆打下了一片江山。由於是靠個人關係與魅力的服務業，與客戶近距離的互動是必要的手段。

由於阿美頗有姿色、神韻不輸明星，於是常成為客戶垂涎的對象。只是阿美自許甚高，雖然表面上逢場作戲難免，送禮物、喝咖啡、聊天、吃宵夜，這些活動是免不了的，但對於男客戶進一步賓館、Motel的邀約，多能技巧性地迴避。

阿美有著幸福的家庭，體貼的老公、善解人意的女兒，是她生命中最大的安慰與支持來源。加上自己工作上的成就感與不錯的收入，每年會為自己添上幾個名牌包，來犒賞自己的辛勤工作。這樣的日子，再幸福不過了。

在一次慶功宴之後，或許酒多喝了幾杯，沉醉在自己的成就、同事的諂媚當中，在微醺的狀態下，接受老闆私底下第二攤的邀請。在老闆事先刻意安排的浪漫氣氛、百般挑逗與大獻殷勤之下，兩人發生了超友誼的關係，並且約定這是秘密的地下感情。

雖然紅杏出牆的罪惡感總是在心中作祟，但是偷情的甜蜜通常佔了上風。除了工作上更加的努力，為情人的事業加分，但是約會也成了生活的重心，於是回到家中侍候丈夫與孩子的時間也愈來愈少。只是丈夫與孩子都能體諒與欣賞她為工作奮鬥的精神。

這樣充實與忙碌的日子，持續了一年之久，原本以為還會無限期地綿延下去。有一天，老闆竟然細故在眾人的面前對她大發雷霆，讓她無地自容。嚥不住這口氣的情況之下，回頭與他大吵一番，下場是被開除，還有終生難以忘懷的羞辱。除了長時間努力工作的成果化為泡影之外，自己額外投注的浪漫情懷，也一併付諸流水。

之後，陷入了極度痛苦的狀態，冒冷汗、流鼻水、骨頭痠痛、躁動不安、失眠、無精打采、整天只能臥床，像極了嗎啡戒斷的模樣，甚至因為罪惡感、不甘心、被騙失身、怨恨，五味雜陳的負向情緒，而感到極度憂鬱、很想一死了之。

溫順的丈夫只能體諒她地位、成就感與錢財的損失，但是對於她痛徹心扉的激情戒斷現象，一無所知。而這說不出口的心痛，就這樣日日夜夜地折磨，讓她形削骨瘦。

外遇的心理研究

根據歐美的研究統計，百分之五十的女性及百分之七十的男性，在婚姻的過程中，至少有過一次出軌的經驗。因出軌而離婚的男人，和第三者結合的機率不到二成，這些男人有七成以上，並未永久離開他們的妻子。也就是說，大部分的男人都只是嘗鮮的心態，在正餐之外，希望一嘗甜點的美味，然而甜點再怎麼爽口，畢竟還是無法完全取代正餐。

外遇的類型可以分成四類——

一、性交易：藉由性來換取金錢、升遷，通常這類的外遇造成負面情緒的後果較少，但也最容易得到性病。

二、性伴侶與一夜情：通常持續時間短暫，激情很快就因新鮮感不足而分手，很少變成長久的戀情或朋友。

三、深情的外遇：此類最容易引起強烈的情感衝擊，通常也最容易對當事人或牽涉的家庭造成嚴重的傷害與壓力，也最可能付出慘痛的家庭與社會代價。

四、外遇對象變成了紅粉知己或建立深厚的友誼：由於深沉的罪惡感，讓外遇雙方保持距離，但也因情投意合而昇華成長久的友誼關係。

男性外遇通常是為了享受性愛的歡愉，而且會承認或吹噓他們是假裝愛上性愛的對象。年輕男子追求的往往只是性愛而非情愛，主要的動機在於獲得性滿足、感覺成功、向同性朋友展示性斬獲的能力或得到性經驗。年紀稍長者，則傾向於尋找了解、接納與欣賞自己的對象。有戀母傾向的男人較容易藉外遇來避免被綁住而失去自由。

結婚愈久的女人愈想外遇，而且通常是為了追求歡愉的經驗與夢幻的旅程，以脫離枯燥疲憊的家庭生活。外遇經驗也讓女人重獲逝去已久的親密感，並且成為持續補給精神能量的來源，特別是覺得生活無趣、怨懟、或對配偶與婚姻不滿者。

外遇成為過去對浪漫愛情故事憧憬的大復活，或是對他人浪漫愛情（如朋友、偶像劇、日韓劇…等）的羨慕轉化成具體行動。有戀父情結的女性最容易與不成熟、年紀稍長的男性發生外遇。

其實，台灣已逐漸步入已開發國家的開放行列，對追求浪漫、愛情、開放的風氣，也逐漸追上西方國家，男女關係已經變得複雜。所謂的忠貞、矜持都已經變成舊時代的產物，因此背叛、偷腥、外遇、出牆、一夜情，全部出籠，連再恩愛、多模範的夫妻都很有可能淪陷。

西方國家的開放程度較高，贍養費的保障、重組家庭的普及化，讓他們的離

婚、再婚變得容易，但也變得氾濫。然而不論東西方文化，要做到對外遇、認錯、破鏡重圓的包容力，同樣都不是容易的事。

如果婚姻出軌逐漸成為社會常態，那完美主義、愛情潔癖可能就要退位，否則婚姻的不幸將如影隨形。除了積極防範未然之外，如何預備心態，準備原諒、寬恕對方，讓對方有台階下，重新培養感情，這似乎需要的是另一種學習的心態，不要突然遇到而慌亂不知所措。

外遇問題嚴重，讓許多婚姻搖搖欲墜，而外遇事件之所以如此傷害婚姻，因為它破壞了感情中最重要的基礎「信任」，讓配偶深身受被背叛的痛苦。婚外情，絕不是個人的事，也不是單方的認定就能粉飾太平的。不論男女，準備出軌前，都必須思考，是不是能承受真相露白時的難堪，不要鴕鳥式的思考，以為事實永遠不會被發現，以為做錯了事，日子還能過得和從前一樣。

談情說愛可以感性，更要理智，真愛難尋，如果不能只愛一個人，就不該輕易進入結婚，若是選擇婚姻，就該有永續經營的打算，畢竟建立與維持一個家庭並不容易，應該好好珍惜幸福的日子。

畢竟外遇是相當傷人的事件，不僅對個人，對家庭、家族、朋友與社群都會帶來莫大的衝擊，因此造成的情緒傷害通常非常重大，且難以磨滅。

主要的情緒衝擊包括——

一、責難：一旦戀情曝光，配偶必然會傾全力對抗，而且強烈質疑是誰造成這樣痛苦的結果？為何你要如此對待我？

二、否認與合理化：通常背叛的一方會採取否認或說謊的方式來避免一時的痛苦，如果確實無法否認，則轉向合理化自己的行為，認為是第三者誘惑自己或把責任推給配偶，就是因為你忽視我、不尊重我、否定我對夢想的追求等等。

三、哀傷：背叛的痛苦、幸福美夢破碎、裂解的愛情都會對受害者造成重大的情緒衝擊，自傷或自殺行為是常見的。

四、罪惡感：背叛者、遭背叛者、第三者都會背負罪惡感的情緒重擔，背叛者的罪惡感清楚源自於背叛行為，遭背叛者罪惡感源自於認為自己條件不佳或做的不好才間接造成配偶的外遇，第三者的罪惡感來自傷害別人的家庭與背負社會的邪惡烙印。隱藏的罪惡感容易造成精神疾病，如焦慮、憂慮、慮病症與種種的心身症。

第三者的命運

小倩是一位外表堅定自信、且頗具姿色的女孩，她自覺早熟，無法喜歡同年齡

原來，幸福離我那麼近！

層的男生，偏好上了年紀的長者。無奈上了年紀的好男人必然是有家室之人，但是對她卻有著致命的吸引力。在工作上，她是位能力強且相當幹練的女強人，但是碰到感情，她又柔弱地像一位無助的小女孩，判若兩人。

在她百般媚惑之下，果然順利與一位經理級的有婦之夫交往，過了兩年甜蜜第三者的生活，感情也日益滋長，以至於她進一步想擁有更確定的保障，對男友提出通牒，既然兩人如此相愛，而他又與太太感情疏離，何不提出離婚要求，讓這段地下情有著正式的名份。

沒想到，男友的太太掌握了他們的交往細節，並且發動了全家族的力量與徵信社的資源，讓他們的戀情無所遁形。由於家族與社會壓力如此強大，男友在形勢比人強的狀態下，屈服於現實的壓力，於是斷然決定與她分手。

眼見愛情就這樣化成泡影，她就像無助的小女孩一般，不知道如何走下一步，陷入極度的恐慌與憂鬱當中，在一次的酗酒之後，割腕、吞下大量安眠藥，並且因意識不清而導致頭部創傷與顱內出血。幸好家人及時發現而將她送醫，接受長時間住院治療之後，情緒逐漸平復，身體的後遺症也相當輕微。

付出如此身心創傷的代價之後，她仍然堅強地回到工作崗位，並且很快地又回復精明幹練的工作形象，由於姣好的面貌與優秀的溝通手腕，讓她在工作上表現出色，但是愛情上就是不順遂。

最近，她又愛上了另一位已婚、經理級的熟男，而且又像飛蛾撲火一般，猛烈地展開另一場第三者戀情，她只要進入熟男懷中的呵護之下，就覺得滿足而有安全感。理性上她知道通常這是沒有結果的遊戲，但潛意識裏一旦陷入就完全無法自拔，充滿「自我毀滅傾向」。

婚姻第三者的心理

電影《畫皮》係由中國古典名著《聊齋誌異》同名短篇小說所改編，藉由人妖相戀，來暗喻現實生活中男女相處、夫妻和諧、第三者介入等種種情愛關係，寓意頗深。狐妖所扮演的第三者雖極盡心力誘惑男主角，但妻子角色的犧牲奉獻卻是令人動容，最後還願意承擔狐妖的角色來成全男主角，也使得男主角終於抗拒誘惑成功，並宣示元配是唯一的真愛。

當然現實中很難見到如此愛到願意成全丈夫的傻老婆，不過如果能清楚讓丈夫知道自己是如何真心相愛，或許對丈夫的回心轉意有所幫助。不過，第三者自古就被稱為「狐狸精」，如今畫皮則將第三者更清楚地歸類為邪惡、媚惑與吃人心的角色。

電影《最遙遠的距離》中也有一位第三者的故事，就是剛搬新家的小雲（桂綸鎂飾演）陷落在沉悶的上班族生活，以及一段毫無出路的第三者戀情當中。一封封來自遠方的信件，其實是一捲捲錄音帶，寄給她所不認識的前房客。

錄音帶裡傳來的陌生男子的聲音和情感，召喚著她啟程前往台東，一步一步地尋找美妙聲音的來源和錄音的地點。故事透露出第三者的孤單與無奈，但如果能想得開，其實自己一直都是自由的，就看自己願不願意選擇放手。生命中美好的景象，還是得靠自己認真去追尋，而不要貪戀別人現成的所有。

其實第三者未必長得如花似玉，因為男人外遇，未必只看女人外表如何，事實上常見元配反而遠比第三者漂亮的大有人在。尤其是真的在婚姻上受到壓力的男人，他需要的往往只是個傾聽、讚美與讓他訴苦的對象而已！因此第三者的外貌是其次的，只要順眼就好。

第三者通常都是男人在工作場合的伙伴、學生、客戶，或者在婚前的女友、戀人，或者根本是妻子的朋友、親戚，畢竟近水樓臺、日久生情。當然也很有可能來自風月場所、pub、酒店、夜店等。只要男人涉足的地方，基本上第三者無所不在。特別是夫妻感情出了嫌隙，感情日漸淡薄之後，只要有機會，隨時隨地都可能發生。

不過也有夫妻感情不錯，甚至是模範夫妻，照樣會出現第三者。這時候的第三者肯定非同小可，如果沒有如電影《畫皮》當中狐妖般美艷動人、溫柔多情、詭計多端，是不容易得逞的。

大部分時候，第三者通常也不是非當不可的，任誰也知道當第三者是不道德、傷天害理、破壞別人家庭幸福的元兇。只是當男人傾吐心聲時，不巧就變成了傾聽的對象，若彼此再加一點安慰、讚美、鼓勵與默許，身心壓力突然得到舒緩的男人，就可能就會陷入迷幻、愛戀的陷阱當中。

而這位不小心當了第三者的女人，在男人溫柔傾吐之後，突然收到感謝的鮮花、小禮物，而砰然心動。在酒精與腦內嗎啡的強力催情之下，幻想原來他們才是天生的一對的，於是愛苗就這麼一天天地增長。結果，家裡的元配就變成可怕、可惡、去之而後快的黃臉婆。

因同情憐憫而不小心當上了第三者之後，社交生活會變得封閉，不想讓別人知道自己是第三者的身分，因此也沒什麼機會自我反省。結果，在複雜的三角關係當中，她會催眠自己去相信眼前這個男人是他的真命天子，但相見恨晚，只要耐心等待，總有一天兩人能光明正大地出現在眾人眼前。因此，她必須極力忍耐著心愛的男人會回家去受苦，然後跑來這裡繼續傾訴夫妻感情逐日惡化的種種無奈。

其實，一個真懂愛、有智慧、人格成熟的女人，是不可能委身成為社會公敵的角色。因此，相對地，自私、目光短淺、依賴性格、容易幻想、不成熟、孤單封閉的女人，才會成為第三者。再不然，就是性慾、物慾太強，貪戀男人的金錢、權勢、地位與性。

Part 4

峰迴路轉，重返幸福旅程

假如生活欺騙了你
不要憂鬱，不要憤慨
悲傷的日子需要沉靜
堅信吧！愉快的日子即將來臨！
心中憧憬著美好的未來
眼前不過是暫時的悲哀
一切將會在瞬間消逝
而逝去的一切將會變得親切

（假如生活欺騙了你 Alexander Puskin, 1799-1837）

第15章　學習同理心技巧

——善解人意是人際關係中最好的特質

同理心，簡單來說就是：「能感覺、了解且正確傳達他人思想及情緒的一種心理能力。」

有一位婦女因突發性呼吸困難，前往某醫院看診，經胸部X光檢查發現左肺有嚴重積水，轉送急診室接受緊急處置。因有輕微發燒（37.5° C），而懷疑有感染可能，抽血檢驗感染原因、給予抗生素之後，未解釋病情就送往胃腸內科病房住院（因無胸腔內科病床）。時值週六上午，但急診室並未照會胸腔內科醫師，轉往內科病房時住院時已過中午，當家屬要求主治醫師解釋病情，病房護理人員回答醫師放假、無法解釋病情。

於是家屬轉而要求是否有其他胸腔內科醫師值班，可否代為解釋病情，答案是胸腔內科醫師於內科加護病房值班，除非病況危急送往內科加護病房，否則見不到胸腔內科主治醫師。此時來了一位胃腸內科醫師助理，家屬詢問病情，卻回答：「不清楚，要等到下週一主治醫師上班才能解釋。」詢問病人如此呼吸困難，需要做肺積水引流嗎？竟回答：「下週一才能處理，或緊急狀況送往加護病房才會處理⋯⋯」家屬不服，仍強烈堅持要有醫師適當解釋病情之下，來了一位值班胃腸內科主治醫師，但仍支吾其詞，無法適當解釋病情。

病人與家屬的焦急情緒，對照醫療人員的集體冷漠，是現代醫療科技蓬勃發展最大的諷刺。在病人與家屬的心中有無數的疑問：

一、急診室的醫師為何不解釋病情？

二、週六上午，急診室為何不會診胸腔內科醫師？

三、週六下午住院，病人有緊急狀況，要求主治醫師解釋病情，為何被冷冷地拒絕？難道病人生重病還要選擇醫師上班的時辰？

四、值班的胸腔內科醫師難道要等到病人危急送往加護病房，才要面對家屬嚴酷的質疑（延誤病情）？

五、嚴重肺積水造成喘不過氣來，難道還不夠嚴重？

於是病人選擇於週六下午緊急轉院治療，並由該院值班的胸腔內科主治醫師直接會診，再照一次胸部X光，結果發現左肺積水嚴重，已將心臟整個推移至右胸，因此緊急做做胸室引流減壓，並將引流物送到檢檢驗室化驗。結果引流出血水達兩千西西，懷疑肺結核或肺癌。

引流之後，病人呼吸已較為順暢，再送往胸腔內科病房住院治療。主治醫師於週日亦細心查房，並放置固定引流管，持續引流，最終引流出血水總量達四千西西。三天後，病理報告出爐，是肺癌造成胸腔積血，經過一系列標準檢查之後，分期為第四期。

醫師對家屬及病人詳細解釋病情之後，開始進行化學治療準備，完成第一劑化療時間為第二個週六，前後住院八天，出院兩天後為除夕圍爐之日。整個醫療處置、診斷、治療過程，非常迅速確實，雖然面對的是恐怖的癌症，但醫療人員細心的呵護，讓病人及家屬面對病魔的挑戰，心理負擔減輕了不少。

或許是同理心的力量、加上精湛的醫術，還有家屬的愛心守護，該病人兩年之後，不僅腫瘤範圍大幅縮小、生活品質良好，甚至可以常常國內、外旅遊，享受比患病之前更為幸福的日子。

以同理心來對治先入為主

同理心，簡單來說就是：「能感覺、了解且正確傳達他人思想及情緒的一種心理能力。」

以下舉一個例子來說明同理心發揮影響力的過程——

A君留言

舉辦音樂會，竟然沒有邀請自己公司的合唱團，實在看不起人……不要只會說冠冕堂皇的話而作一些噁爛的屁事。——在衝動與理性間徘徊的人上

B君一般反應

這傢伙真是難搞，動不動就激烈反應與抱怨，好像全世界都對不起他一樣。

B君同理心反應

看得出來你很生氣（感覺），遇到這種事，確實會令人洩氣與挫折（了解），這件事情表面上看起來不太合理，不尊重員工且浪費資源（正確傳達思想），會讓人失望與不平，甚至憤怒（正確傳達情緒）。有時我心裡也會出現類似你的質疑，但是個人的角度與高度，

往往看不見事情的整體面向與真正的決策流程，所以我自己會學著用謙卑的角度，來看待這些自己認為可能不太合意的事，然後試著去做一些澄清（肯定他發出不平之鳴），學習去看懂一些事情。（引導A君能用謙卑與較完整的角度去看事情）

A君回應

感謝您的指教！希望我的主觀（先入為主），不要成為偏執（極端的先入為主），這是我要向主求的恩典。

同理心是一種很重要的人際溝通技巧，也是修補「先入為主」（相信事物跟我們心中想的一樣真實）理性缺陷的重要技巧，藉由同理心技巧的提升，讓我們有機會更深入、完整且正確地了解環境中所觀察的人、事、物，而不會只依自己的觀察、記憶、知識與推理能力，就直接作出衝動而粗淺的論斷。

同理心能夠發揮影響力的關鍵在於，被同理的人感受到想法與情緒能被完全了解，因而產生信任感之後，較能理性面對問題，也願意學習用指導者的角度與高度，去思考事情較完整的面向，因而降低自己的武斷所產生負向情緒反應，甚至阻止自己的魯莽行事。

同理心幾乎就是擔任心理專業工作者必備的基本條件，也是治療的技巧之一，透過心理治療的過程，當事人也可學會同理心的溝通技巧，而能適當地運用在日常生活的溝通關係當中。然而，對一般人而言，學會同理心的技巧，必然能成為人際溝通的高手，也會是廣受歡迎的人物，因為善解人意正是人際關係當中最討好的特質。

同理心的力量

喬拉米卡利與柯茜兩位教授在所著作《同理心的力量》（The Power of Empathy）一書當中，特別介紹提升同理心的七個步驟與技巧，包括——

一、使用開放式的問句；
二、放慢腳步；
三、別太快下結論；
四、注意你的身體表現；
五、從過去學習；
六、讓故事說出來；
七、保持界限。

我嚐試將個人生活與行醫過程的經驗，融在其中，讓同理心技巧的學習過程能夠更加明朗化。

一、使用開放式的問句：

封閉式的問句會限制或操控別人的答案，而無法了解別人真正的想法。因為被問話者可能採取順服、反抗或完全拒絕回應的態度。而開放式的問句是表達同理重要的關鍵，能表達對當事人的尊重，有機會瞭解對方內心深處的想法，得到更充分與正確的訊息，而這些訊息是表達同理心的根本依據。

以開放式的問句起頭，確定問題核心後再以封閉式問句澄清、確認、並表達關心，才不會表錯情。

封閉式：

問：「你認為我的建議是不合理的嗎？」

答：「不是」「是」或保持緘默。

由於沒有共識與真誠的溝通，同理心無從發揮。

開放式：

問：「你認為這個問題該如何解決？」

答：「我認為……」

充分尊重對方表達意見的權利，也開啓溝通與了解的對話流程。

有一次，一位婦女帶著年幼的小孩來就診，我看著婦女的容貌，判斷年齡在五十多歲左右，於是我很快地說：「這是你的孫子嗎？」結果，被瞪了一眼，趕快把病歷拿出來一看，三十二歲，「對不起！對不起！」人不可貌相，以後我都學乖了，我會指著孩子問：「請問，這是妳……？」「今天帶她來是為了什麼？」

在門診當中，與青少年的溝通最為困難，如果使用「封閉式問句」，如「你看起來心情很不好？」大概得到的答案，都在是「哪有！」「你才心情不好咧！」

我通常會問：「希不希望父母在場？」在他們搖頭之後，就會示意父母先離開診間；然後才開始真正的會談。

「今天為什麼會來到這裡？」

「父母提到你在學校好像遇到了一些困擾，希望你說說看？」

「嗯！聽起來你很生氣，多說一點當時發生麼事？」

「我想你很努力想要改變，你覺得接下來該怎麼做比較好？」

「遇到這種情況，我也會覺得不舒服，但是除了打人之外，還有什麼辦法可以解決問題？」

這些開放式問句，不僅尊重當事人的意見，也可以同理他的情緒，並指引進一步討論與溝通的話題，通常都會得到比較完整的訊息，而增加對問題的了解，有助於進一步的治療。透過這樣的問話方式，也可以增進當事人溝通的能力及以語言表達情緒的技巧，一舉數得。

二、放慢腳步：

放慢腳步與溝通的節奏，可以讓激昂的情緒緩和下來，才有辦法進行流暢的溝通。因為情緒會主導人的想法，特別是負向情緒會扭曲彼此的意識，總是出現負向的解讀與看法。一旦節奏放慢，大腦在放鬆的情況之下，較能和緩情緒，讓理智來

主導思考能力，也較能掌握全局，而非鎖定狹隘與非建設性的焦點。

技巧在於讓對方有足夠的時間與機會充分表達自己的情緒與觀點，並進一步確認是否有模糊或被錯誤詮釋的觀點。當對方顯然要結束話題時，能適時開啟更深入的話題。這溝通的過程，通常需要時間與耐心。

在火車站上，目睹一位年輕貌美的媽媽，氣急敗壞地打了年約七歲的小女兒兩巴掌，而且口出惡言地說：「氣死我了！你這個孩子！我討厭你，你是一個可惡的小孩，媽媽不要你了，這麼不聽話。我找了你好幾條街，你是死到哪裡去了，時間都來不及了，你還這麼貪玩，自己都不準備好舞衣，還要我幫忙，真得很氣呢……」這位母親鐵青著臉，就這樣大庭廣眾地羞辱自己的孩子，無法罷休。

當然母親是要教訓女兒的貪玩，但是這麼又打又罵的結果，孩子記住的可能母親的「巴掌」、「我討厭你」、「可惡的小孩」、「死到哪裡去」，這些強烈且負面的行為與話語，反而會忽略母親真正想教導的貪玩、不準時。然而貪玩、沒有時間觀念，正是這麼小的孩子的成長特徵，「貪」、「準」都是成人對這年齡孩子的過度要求標準。孩子確實要教，但是如果因為母親氣急敗壞，沒辦法放慢腳步，結果孩子卻變成母親情緒發洩的對象，感受到的不是正面的教導，而是難堪的羞辱。

如果換成這樣的場景，該有多好——

母親蹲下來，眼睛看著孩子，說：「孩子，你跟朋友去玩了什麼？」

孩子：「阿強帶我去看一窩剛出生的小貓，好可愛喔！喵喵喵，好想要一隻來養。」

母親：「孩子，媽媽知道剛出生的小貓很可愛，所以你才會看得著迷，忘記要去練舞的時間。但是，媽媽也要你想想看，媽媽著急地到處找你，一方面是時間來不及，另一方面是怕妳發生甚麼不好的事情。」

孩子：「媽媽，對不起。」

母親：「好，你知道錯了就好。還有，守信用、準時是很重要的做人道理，這樣才能贏得別人的信任。」

孩子：「媽媽，我聽懂了。」

母親：「孩子，來，媽媽抱抱。」

三、別太快下結論：

我們很習慣會根據自己過去累積的經驗，很快就對他人的行為作出分類與解讀，而掉進先入為主的圈套。但是人一直在變，尤其當兩人許久未謀面或素昧平生的情況下，輕易去解讀別人的情緒與想法，很容易犯錯。即使對方過去的行事風格如何你都瞭若指掌，或是你見過許多類似的人，就是不要對別人的想法與情緒狀態太快下結論。

同理心的障礙最常見的說法包括：「你又來了！」「我是你肚子裡的蛔蟲，把你看透透了！」這些都是貶低他人，阻礙你發現真相的不良話語。

精神疾病患者當罹患身體疾病時，常會受到忽略而誤診。因為醫護人員總是先入為主地認為這些身體疾病的症狀，是精神疾病的一部分，進而忽視病人痛苦的真正原因。

我記得有一次，內科病房住進一位精神病患，主治醫師照會我，因為認為病人有持續治療中的精神分裂症（註①），且言行異常，必然是假裝有行動不便與胡言亂語的症狀。

由於我非常熟悉該病患，他雖然罹患精神分裂症，在藥物持續治療下，功能良好，是一家山產店的老闆兼主廚。因此我認為，他的身體症狀應該是真的，請他們詳細診斷與檢查，果然進一步詳細檢查之後，最後發現是腦幹中風，不幸病情逐日惡化，最終不治死亡。回想這診斷的過程，醫師先入為主的觀念，差點造成誤診而落入醫療糾紛的麻煩當中。

一位罹患憂鬱症的女公務員，由於將近退休年限，但因與同事相處關係日益惡化，必須做出提早退休的決定。但是對於提早三個月、七個月或八個月，一直無法做出恰當的決定，與先生研究的結果，從各種因素綜合判斷，七個月應該是較為妥當的決定。

不過這位女士又經過其他朋友的建議之後，最後決定八個月才能得到最佳的福利。於是回家之後，將這個決定告訴丈夫，沒想到丈夫問都不問，劈頭就說：「妳那些朋友都是騙子、笨蛋，我們明明已經討論好的結果，妳又變來變去，分明是腦筋不清楚，被妳的朋友耍得團團轉。」

該女士原本信心滿滿，也自認為做了最為理性的判斷，只是事先沒有與丈夫討論罷了，沒想到丈夫不分青紅皂白，就對她發飆、臭罵一頓。在盛怒之下，內在的

憂鬱與憤怒情緒一併爆發，歇斯底里地撞牆、拿刀做勢要割腕，先生情急之下，將太太推倒在床上，並將太太全身壓制在床上。

沒想到，該女士因為情緒過度高張，導致神智不清，只好被家人強制送醫住院治療。

原本單純的退休問題，差一個月退休，也差不了多少錢，但是在丈夫「太快下結論」的魯莽言行之下，讓太太再度精神崩潰，難以收拾。

重點是，這對夫妻平時的感情還算融洽，但是丈夫先入為主的思考模式，沒有真正同理太太的心理需求，反而嚴重傷害了太太的心理健康，實在非常可惜。

四、注意你的身體表現：

我們人體的神經系統會對自己說話，這種現象稱為「生理性共鳴」。當我們感受到情緒時，也同時會感覺到相映、不自主的身體反應。這種生理性共鳴也會發生在人與人的互動當中，當母親溫暖地抱著小孩時，兩個人的心跳都會一起放慢下來。

當你安撫哭泣的朋友時，你臉部的肌肉會主動調整而類似朋友的表情。當你面對魯莽、怒氣沖沖的壯漢時，你的血壓與心跳也會跟著加快。一旦你被對方激怒，對方也會感受到你憤怒的身體語言，使得狀況越來越失控。但如果你能冷靜地微笑，讓自己的呼吸、心跳放慢，表達出自己的善意，將有助於讓對方冷靜，重新整理自己的思緒。妥善利用身體共鳴的現象，就可能適時化解不要的肢體衝突。

這讓我回想起過去在台大醫院服務時的一段經歷——

當時是我擔任第三年住院醫師，且有另外兩位醫師與我共同值班，分別是第一年住院醫師、實習醫師。不巧，同時間出現兩個緊急狀況，精神科病房有病人大亂，急診室又緊急call我，因為有一個精神病人在急診室需要處理。於是我把其他兩位年輕的醫師留在病房處理，我則單槍匹馬前往急診室。該名病患因與家人衝突，以手擊破玻璃而到醫院接受傷口縫合，之後病人宣稱回家後要把父親殺掉，這實在是一件非同小可的緊急狀況。

我通知急診室護士幫我準備鎮定針劑，並且找兩名警衛來支援我。拿到針劑之後，護士小姐說急診室還有其他緊急狀況需要處理，請我自行處理該名病人。於是，在警衛尚未到達之前，我只好自行前往處理。內心充滿不安與恐懼，如果無法順利留下病人或送他去住院，他的父親可是有生命危險。而且警衛又來不及在我身邊壯膽與防備，該病人沒事又長得如此粗壯……。

一見面，他就說：「我要馬上出院，還有什麼事，快說！」我對著他說：「好吧！打完這最後一支消炎針，你就可以回家了。」於是，我快快地幫他綁好止血膠管，正準備將鎮定劑快速打進他的血管時，他說：「醫師，你的手為什麼在發抖？」內心實在有說不出的緊張、恐懼與無奈。

還好我適時冷靜下來，臨機應變地說：「剛剛接到病房電話，通知我有病人正在急救，我有點緊張，希望趕快幫你把這支針劑打完，讓你趕快回家，而我則要趕快回病房去處理。」他信以為真，我也順利地將高劑量的鎮定針劑打進他的血管，即時讓他就範，四肢約束之後，送往精神科病房住院。

五、從過去學習：

時常去檢討過去的經驗，對現在情況的影響。強烈的情緒反應，通常是從過去未解決的困擾而來，這些困擾就會影響你現在的情緒與行為。強烈的情緒反應追溯起來，往往都是長期的挫折、屈辱、無力、不被瞭解、無法發洩的憤怒所累積，然後找到一個引爆點而爆發出來。

因此，當發生這類強烈情緒之後，可以回想，我僅僅只是被別人不友善的態度所激怒，還是對方與我過去所接觸冷酷、愛指責的人物長得很像。例如：店員對我擺臭臉是因為她不喜歡我，還是因為他的老闆丟給她太多的工作；因此，不愉快的場面，可能有多種面向可以推敲，不要把錯誤都攬在自己的身上。

唯有瞭解「這個人為什麼會變成這樣」，我們才能真正地「感同身受」。從過去學習，是同理一個人非常重要的方法。

有一次，孩子對著母親大發雷霆，母親也被惹哭了，非常地傷心。我冷靜地把孩子帶開，讓他把情緒抒發出來，之後好好地安慰他，讓他把內心的事說清楚，原來他是在學校被欺負，又說不出口，於是就遷怒到母親身上。把事情講開之後，帶著孩子來到母親面前，向母親說聲對不起。

然後再與母親靜下來溝通，母親認為每次孩子對她生氣，她都會很難過，因為她對孩子是如此用心與疼愛，為何會得到這樣無禮的對待。同樣讓母親宣洩情緒完畢之後，再告訴她，孩子並非不愛或不尊敬她，只是情緒表達能力較差，情急之下，把在學校的怨氣一下子宣洩在她身上而已，千萬不要把責任攬在自己身上。

六、讓故事說出來

在所有同理心的技巧當中，用心傾聽需要最高度集中的注意力。做得到的話，可以從溝通當中得到大量有用的訊息。你也可以反思，當你自己說話時能被全神貫注地傾聽時，你會變得既開放且合作。

以下有幾個方法可以提高你傾聽的能力——

1. **讓你的思緒放空**：不斷思想自己的話語，或對他人的話語不斷地辯駁，都會阻礙你聽清楚對方的話語。**深呼吸，讓自己的情緒冷靜下來，使得腦部潛在的思想活動靜下來，讓對方的話語有機會完整地進入心中**。

2. **保持客觀**：我們心中常有許多主觀的偏見會阻礙我們的判斷能力，最重要的真理，就是你當下所聽到的話。我們腦部原本就設計了各式樣主觀的篩選與詮釋功能，以有效率地處理日常龐大的資訊流。但是為了建立同理心，必須犧牲部分的效率，將腦部思考流程緩慢下來，才能以較客觀的角度來看待。

3. **警覺同情心的干擾**：過度的同情心其實已完全預設立場，會扭曲你所聽到的話語，因為把這些話語和過去自己的生活經驗結合在一起，就可能會誤解對方的意思。也盡量不要太快去分享自己相關的經驗，因為這舉動會讓對方把焦點轉移到你自己身上。

4. 尊重個人的獨特性：每個人都是獨特的，**不要做快速的連結，或太快假設自己完全了解別人的感受。**同樣的語言訊息，從不同的人口中表達出來，所代表的意義可能差距很大，不同的學歷、背景與文化，對語言應用能力的不同，使得語言訊息的判斷難度增加。必須尊重個人的獨特性，甚至必須透過不斷的澄清，來確實了解對方真正表達的意思。

5. 注意身體語言：手勢、姿勢、體態與臉部表情都會比言語透露出更多的訊息，研究指出百分之九十三的溝通效力來自於非語言的溝通管道（百分之五十五是身體語言，如表情、姿勢與動作；百分之三十八是聲音的響度、音調與音色），僅有百分之七來自我們所用的語言。

因此，藉由觀察對方非語言的情緒表現，能夠確認對方所表達語言的真正意義，也能藉由對方的動作表現，來了解自己所傳達的語言訊息是否能夠正確地傳達到對方。語言訊息容易被誤解扭曲，但動作與表情相對單純，也較能傳達正確的情緒意涵。

失智症病患雖然語言功能先退化，通常還是有辦法辨識非語言的溝通訊息，例如嘆息、皺眉頭、嫌惡或鄙視的表情；因此，身邊的照顧者必須非常小心自己的言行舉止，要能真誠地同理失智症者的痛苦，否則不當的態度，就可能造成病患出現嚴重的情緒或行為的問題，包括憂鬱症或混亂的干擾行為。

6. **澄清**：把對方話語的重點重述一遍，確定是否與對方所表達的意思一致。這是相當重要的一環，藉由不斷地澄清，讓彼此對溝通的內容達到共識，有助於進一步的合作。所謂「用愛心說誠實話」，就是憑著善心，多說幾句澄清的話語，有助於化開彼此的誤解，不會對未來的交往埋下怨氣。

7. **耐心聽完整個故事**：沒聽到最後，千萬不要自認為已經了解一切。有時候，最後幾句話才是真正的重點。如同第三單元開頭的詩《溫柔的季節》，如果沒有耐心讀完整首詩，就可能先入為主、斷章取義地認為這是一首頌讚夏日景緻的詩歌，其實作者真正的目的，是要藉由外在美麗、生趣盎然的環境來襯托出他內心的陰鬱。

曾經聽過一個病人這麼說，有一次在其他醫院就醫，經過醫師診療之後，到藥局領了藥，發現多了一種藥，上面寫著治療癲癇症的適應症。心中充滿疑惑地問藥師，自己為何需要吃抗癲癇症的藥？藥師要她自己去問醫師，於是回到診間，問了醫師，結果那位醫師只說了一句話：「狗能吃的，人就能吃。」她氣得衝出診間且把藥包都丟掉。經他人介紹之後，來到診間對我哭訴說：「當醫師的人，怎可說出這種傷人的話，我真的很想死啊！」

沒耐心聽完病人的疑問，又沒辦法好好地解釋所開立的藥方，就給出這麼一句傷人的話語，就像對病人心臟刺了一刀，這是忙碌、魯莽的醫師所做出來的傷人事件。其實這位醫師所說的那句話，真正的意思是要說，所有能夠上市的藥物都是先經過動物實驗（特別是狗），確定安全無虞之後，才會進行後續的人體試驗，確認療效及安全性之後才能正式上市。只是這似乎有科學根據的話語，濃縮起來，就變成一句非常傷人的話了。

現代的醫療，兩三分鐘的診療時間，確實不可能聽完病人整個生病的故事，因此非常容易誤診，甚至開錯治療的藥物。常聽許多的病患說，當醫師沒有耐心問診或診察時，通常都會把醫師所開的藥丟進垃圾桶，是現代醫療亟待改進的現象。

另外，有些人的言語表達能力不佳，因此也容易被打斷話題，而容易造成誤解，特別是面對有情緒困擾的人或是青少年。其實良好的溝通，非常需要時間與耐性，保持良好的習慣，不搶別人發言的權利，耐心聽完別人的故事，才能真正了解別人的情緒與想法，順利達成溝通的目的，並成為受歡迎的人。

七、保持界限：

同理心的先決條件是不帶偏見的客觀判斷，特別不能把自己的觀念強加在別人身上，也不能過度承擔對方應有的責任，因此良好的溝通時，保持適當的情緒界限確實有其必要性。當事人在情感脆弱的情況下，很容易就會將話題轉向你。比如說，當他感嘆婚姻關係觸礁時，很可能問：「我覺得每位男人都會想外遇，你會不會？」不管你回答會或不會，都會讓話題無法聚焦在當事人的切身問題上。

此時，應該堅定地回答：「你在婚姻中的感受才是我們討論的焦點，多說一點平時與丈夫相處的狀況？」讓話題回到當事人身上。當你與對方關係太親密，或有太強烈的好惡感情，而無法維持適當的情緒距離，或無法維持客觀、冷靜時，就不要強迫自己扮演同理心的角色，免得讓自己的心理防衛回過頭來反而傷害彼此的感情。

曾經有另一位病人，來到我的診間告訴我一件印象深刻的事。她說有一次去到其他醫院就診，男醫師向她訴說自己離了婚，心情低落，見到她如此貌美，希望能與她交朋友，讓她對該醫師的形象大打折扣。

醫師毫不掩飾地把自己的情緒與貪圖美色的慾望對著求診的女病患表露出來，既失了醫師的專業形象，也把醫病關係的情緒界線模糊掉了，不僅對病人的痛苦不聞不問，反而將自己變成了病人角色，乞求貌美病人的關愛，令人匪夷所思。這是醫病關係界線模糊的典型案例。

朋友的女兒芳齡二十六，依然小姑獨處在家，整天沉迷網路。工作則是三天捕魚、兩天曬網，大小姐脾氣讓老闆無法消受。父母因家境優渥，對她是百般寵愛，不忍心苛求，任由她頤指氣使。有時不小心，父母說話稍微嚴厲一點，希望她能更加獨立自主，但常常她回答的話又會深深刺痛父母的心。

例如：「我今天會變成這樣，都是因為你們的溺愛造成的，我是你們生的，因此你們就必須負責到底。」

這是一位不成熟、界線模糊、毫無生活目標的「成人小孩」，完全看不到自己的責任何在，權利完全自己享受，義務則都由父母一肩扛起。因此父母教養子女過程，如果沒有讓小孩適度承擔責任，分清楚自己的界線，過度寵溺孩子，結果就可能養成這類啃老族的孩子，抱憾終身。這是親子界線模糊的典型案例。

一位精神分裂症患者有明顯的聽幻覺與視幻覺，並且有許多關於神鬼的妄想內容。經過精神科專業診斷與治療之後，病情稍微緩解。家屬為了讓病患多些心靈的慰藉，於是尋求基督教會的力量，希望能為病患帶來心靈的平靜。

然而該教會之傳道人員因對精神病與精神醫療知識不足，直接斷定該病患並無精神病，反而認為是聖經當中所謂「鬼附身」的現象，建議病患停止一切治療藥物，只用禁食禱告的儀式，為病患進行宗教醫治行為。

結果病人停藥不久之後，病情極度惡化，最終還要家人緊急送醫，接受進一步強制住院治療。這是宗教與現代醫學界線模糊的典型案例。

保持情緒界限，才能客觀地了解當事人的真正感受。因為人的思考能力會受到情緒的影響，自己的負向情緒會導致專注於對方所傳遞的負向訊息，而錯過對方所傳達的正向訊息，而曲解了對方的立場，甚至無法有效鼓勵對方。而自己過度正向的情緒投射，也只會接收到對方正向的訊息，而忽略了負向情緒所隱含的意義，甚至會間接讓對方把負向情緒給隱藏起來，而無法真誠溝通，反而可能造成對方的反感。

此外，如果無法保持適當的情緒界限，當對方負向情緒過於強烈時，可能會遭受到無辜地波及，特別是憤怒、怨恨等情緒的轉移，或是絕望、痛苦的投射。結果，不僅幫不了對方，反而自己因而沾染過多負向情緒能量，影響到自己的生活。因此，同理心若牽涉到治療層面時，則必須考量自己的專業性、情緒強韌度是否足夠，才能給予當事人最恰當的情緒支持與有效的幫助。

註①**精神分裂症**：精神病的一種。係指患者在思考、知覺、情感、動作等多方面，發生持續性、廣泛性障礙，使得自我感與現實感失調，行為表現明顯脫離現實，而呈現人格分裂的精神症狀，生活適應能力顯著減退。主要症狀包括妄想（如被害、關係、誇大）、幻覺（如聽幻覺、視幻覺）、錯亂言語（語言毫無組織、顛三倒四、前後不連貫）、錯亂行為或僵直行動（思考紊亂，有怪異行為）。其他症狀包括表情呆滯、情感平淡、思考或語言貧乏、生活退縮、社會功能（工作與人際關係）障礙等。

第16章 寬恕與和好

——讓自己解脫及讓對方人格有成長的機會

寬恕是一種愛人如己的行為，這種愛是雙向的，經由寬恕讓自己解脫，顯示對自己的愛；因為原諒而能解除對方的罪惡感，同時也是一種愛人的行為，讓對方人格有成長的機會。

有一天我在思想有關寬恕的主題時，當天夜裡做了一個這樣有點血腥的夢：

「一位外科醫師在手術台上，面對一位上半身赤裸的女病患。冷酷的外科醫師正操起銳利鋒芒的手術刀，切除病患大腿骨的肉，一面餵食該病患，同時也一起享用……。最後一幕，病患正痛苦又興奮地啃食自己手上最後一根手指的一段殘餘的肉，頭髮凌亂豎起，胸部也僅剩血淋淋的骨架……。」

外科醫師，代表創傷事件的加害人與啟動者；女病患代表創傷事件的受害者與自我接續的傷害者。加害人造成實質的傷害，往往在傷害的現場，雖然有深淺不一的後遺症；但之後持續在傷害與啃食受害者的，往往是受害者自己內心的憤恨、報復念頭、不寬恕所造成。透過對受創傷經驗的回想、不斷地再度受創，讓傷害自動延續下去。

創傷事件永遠無法還原成未受創傷的狀態，只有透過真正的寬恕，才能中斷創傷事件所造成無止境的傷害循環。當受害者選擇不寬恕，那是一種冰冷的情緒，包含了厭惡、悲苦、或憎恨，加上刻意迴避加害人，甚至有報復的念頭。

然而，醫學研究確認憤恨與敵意對人的身體與心理健康都是有害的。如果加害人具有真實的罪惡感，而沒有得到受害者真正的寬恕，對加害人而言，也同樣具有持續性的傷害，因為罪惡感對人的啃蝕力道，並不輸給傷害帶來的種種負向情緒。

以寬恕來對治重蹈覆轍

寬恕的定義

諾斯教授（Joanna North）如此定義寬恕：「寬恕是指當別人以不公義的理由對我們造成傷害時，我們能夠克服憤怒並原諒對方。我們並不否定自己生氣的權利，但卻願意嘗試去對傷害者表達仁慈、善意與愛心。而當我們願意執行寬恕時，不代表傷害者必然有權利得到這樣的對待。」

寬恕是一種愛人如己的行為，這種愛是雙向的，經由寬恕讓自己解脫，顯示對自己的愛；因為原諒而能解除對方的罪惡感，同時也是一種愛人的行為，讓對方人格有成長的機會。藉由寬恕，完整認識自己內在的陰暗角落，解放自己潛意識的創傷與仇恨，才能消除「重蹈覆轍」的動能。讓生命擺脫過去的纏累，邁步往新的夢想前進。

本書第12章當中有提到重蹈覆轍的展現，可能會有兩種形式，一種是對外的攻擊，就是啟動報復機制，結果就可能陷入不斷的報復、被報復的惡性循環。另一種的攻擊是對內的，就是潛意識地傷害自己，可能會採取逃避孤立的生活態度，或是不斷陷入被傷害的循環。這兩種形式的重蹈覆轍，都需要藉真正的寬恕來終止傷害的惡性循環。

舊約聖經中的約瑟

舊約聖經創世記當中記載一位名為「約瑟」的故事，由於他小時候就得到父親雅各的寵愛，使得眾哥哥們非常嫉妒，於是聯合起來將他丟入坑中，企圖讓野獸吃掉。還好四哥猶大良心未泯，最後把他拉起來，賣給商人做奴隸並被帶離家鄉，眾哥哥們還對父親謊稱約瑟被野獸吃掉了。

可憐的約瑟就這樣流落埃及，最後還被下放到監獄。之後，約瑟靠著正直、上帝賜予的解夢能力與智慧，活出生命的奇蹟。最後約瑟因為幫助法老王解決了許多困難的問題，而當上了埃及的宰相，也統治了包括眾哥哥們的土地。於是，當哥哥們知道當年被他們出賣的約瑟弟弟竟然當上了宰相，都惶恐萬分。

但是，約瑟最後卻親切地安慰他們說：「不要害怕，我豈能代替神呢？從前你們的意思是要害我，但神的意思原是好的，要保全許多人的性命，成就今日的光景。現在你們不要害怕，我必養活你們和你們的婦人孩子。」《聖經創世記第五十章第20節》

這是段非常動人的「寬恕」故事，也是一位了不起的人類典範。在他身上，我們看到韌性、彈性與樂觀的人格，不僅沒有被逆境打敗（韌性），甚至什麼工作都能做（奴隸、管家、囚犯、解夢家、宰相），彈性十足，而且非常地樂觀，認為這一切的受苦都是上帝的安排，不怨天尤人、也不記恨哥哥們殘忍的對待。

為了學習約瑟的典範人格，我於二〇〇三年，將原本的名字峰志改為約瑟，雖然一時還做不到舊約聖經約瑟的人格特質，但這是我畢生所努力學習的典範與目標。

寬恕的意義

南非曼德拉總統曾說：「當我走出囚室、邁過通往自由的監獄大門時，我已經清楚，自己若不能把悲痛與怨恨留在身後，那麼我其實仍在獄中。」與曼德拉總統並肩作戰的德斯蒙德．屠圖大主教則說：「沒有寬恕，就沒有未來。」

當然，一個人受到傷害而懷恨在心時，自己就是第一個成為懷恨的受害者，而治療最重要的處方就是寬恕，一旦能真誠寬恕，不論對方能否受益，可以確定的是，自己將會是第一個受益者。歷史明白告訴我們，仇恨無法終止仇恨，只有以愛及寬恕（愛你的敵人）才能終止仇恨。

寬恕，是一種修正內在認知的過程，讓自己下決心放掉憤恨、悲苦與報復的情緒負擔，有機會向對方釋出善意，甚至能夠朝著與加害人和好的方向前進。然而寬恕也可以是單向的思考與選擇，在無加害人參與的過程中，自己決定放掉傷害事件所造成後續種種痛苦的情緒反應，以正面的態度來面對，不再受該事件的攪擾。然而，寬恕的過程畢竟需要時間與心理情緒的充足預備，絕非急就章、或過度理性、虛假的儀式。

雖然寬恕不一定能夠立即解脫心理所受到的傷害，也不可能將被傷害的事件從記憶中抹去，但寬恕之後，創傷事件的記憶就不會再去攪擾一個人的思想與情感。因此，寬恕不僅能平息自己內在的憤怒情緒，也能將攻擊性的想法，轉變成較為平靜與正向的想法，進而以較為理性平和的方式來對待加害人，避免未來進一步互相傷害的下場。此外，憤恨不平的情緒常使人變得多疑、敏感，而寬恕則能避免將強烈的負向情緒宣洩在無辜的人身上，避免衍生更多的人際傷害與紛爭。

寬恕能改善與加害人的關係，因為加害人有可能是身邊的親友，藉由寬恕讓家庭關係更為穩固，幸福感因而提升。寬恕也為加害人騰出檢討與反省的空間，讓他們有機會清楚認識自己的問題，經由認罪與悔改的歷程，讓人格有成長的機會，以避免未來類似的傷害行為。

寬恕是需要勇氣與智慧的高尚行為，也是愛人如己最高級的表現。由於寬恕也是揭開與解除痛苦的過程，通常需要有專業人士的協助與陪伴，以順利度過這痛苦、甚至難耐的歷程。

寬恕的相關研究報告證實

1. 被傷害所造成的痛苦記憶是有機會改變的，而且沒有想像中的困難。
2. 人可以選擇寬恕，且不一定需要在道德方面去做妥協。
3. 透過適當的訓練，人能在一小時以內，就明顯提高寬恕的能力。
4. 增強同理心（同理加害人傷害的心境）的訓練，可以提升寬恕的能力。
5. 憤怒與怨恨會對身體健康造成顯著的傷害。
6. 寬恕能降低罹患心臟血管疾病的機率，並增強免疫力。
7. 保持寬恕的生活態度，有助於改善身心健康和人際關係。

尋求寬恕

尋求寬恕的過程包括認錯與悔改，認錯就是承認做了錯事，同意受害者所表達，的確造成了傷害，且應該為此負起責任。悔改則是棄絕過去傷害的行為，從此不再犯下類似的錯事。當一個人願意認錯，且誠心誠意地道歉，就有機會得到寬恕。然而，當傷害別人之後，如果太在乎面子問題（將羞恥感看得比罪惡感更重要時），就可能裹足不前，而失去被寬恕的機會。

和好

和好就是在寬恕之後所進行的舉措，當雙方都有改變的動機，願意讓破損的關係在未來的日子好好地被修補。經歷寬恕後的和好，更能恢復心理健康、重建友好的關係，共創美好的生活品質。

寬恕與和好的步驟

一、受害者回顧創傷事件：

為了使回顧過程引起的種種負向情情緒不會造成二度傷害，在回顧前應先做好「放鬆訓練」與正確的「腹式呼吸技巧」，讓受害者在回顧創傷事件時，能妥善控制住內在強烈的情緒與身體反應，而不會全然失控或崩潰。如果預期情緒可能太過猛烈，或許需要藉助適當的治療藥物，以保護受害者。

「我只是個幼小的孩子，單純地信任身邊的哥哥，當他這樣欺負我的時候，我只知道不舒服，但是不明白這樣的事件會對我造成什麼樣的後果。直到年齡漸長，我終於意識到，內心深處的痛原來是這樣造成的。他如禽獸一般地侵蝕我的童貞，摧毀了我對人的基本信任，讓我恨透所有的人，包括我的父母，因為他們沒有辦法保護我，一個稚嫩的身軀與脆弱的心靈。」

二、讓加害人有機會為犯行提出解釋：

並非是要讓加害人找藉口將犯行合理化，而是讓整個事件還原到較為客觀的呈現，讓受害者有機會客觀地聆聽。或許藉由這解釋的過程，可能增加受害者對加害人的同理心，也能反省並思考在這被傷害的過程，自己所扮演的角色。

「我是一個單純的少年，但性慾在我心中燃燒，四下無人之際，這位可愛的女孩就成了我第一個獵物，滿足了我個人的慾望之後，我並沒想過這樣的舉動，會去傷害一個女孩與整個家庭，讓他們一輩子都陷在痛苦的深淵。年少輕狂，如今回想起來，我真是懊悔，請讓我承擔你們的痛苦吧，讓我也一輩子在懺悔的折磨之下，不得翻身。」

三、在受保護的氛圍之下，讓受害者對傷害行為提出澄清式問答：

當受害者對受害過程獲得較為充分的訊息之後，寬恕的可能性就大大地提升。加害人誠實地提供訊息之後，也較有機會得到淨化的感受，受害者因得到更多客觀的訊息，不再倚靠自我假設、或扭曲的想像內容，來自我貶抑與傷害。

「你為何這樣對待我？是我誘惑你這麼做嗎？我是如何單純地信賴你，哥哥，這輩子，你叫我如何走下去？」

「妹妹，這純粹都是我的錯，你是完全無辜的，我控制不了自己的衝動，邪惡的靈魂從我的身上發出傷害的信息，而你不巧就成了那受害者，我對不起你。你仍然是潔白無瑕的女孩，你配得幸福與希望。」

四、適當處理受害者的情緒反應，並多思考寬恕的好處：

在受完全保護的氛圍當中，鼓勵受害者將各樣的負向情緒表達出來，經過適當的情緒宣洩之後，讓過去深鎖的防衛之心有機會敞開，而能更理性客觀地面對加害人，並有機會思考寬恕可能帶來的好處。

「受傷的身體與靈魂，久久蠶食了我的生命，但也永遠喚不回過去清純的日子。隨著見識增長之後，我也漸漸明白人性的黑暗面，如果沒有被妥善處理，總是有受害者產生。一開始的創傷由你而起，往後的痛苦我必須獨自承擔。我不希望這樣的傷害無限期延續，我也不願意讓這傷害的犯行，在我的生命中持續毒害我的心靈。」

五、由加害人對受害者所承受的苦痛表達感同身受之意：

當加害人表現出程度愈深的同理心，去體會受害者的感受，了解傷害行為帶給受害者實際的傷害程度，就愈有機會平復受害者的防衛心態，進一步提高被寬恕的機會。

「因我一時魯莽的行動，卻要無辜的人們付出恆久的痛苦代價，我是如此的罪惡。我能明白您的痛苦，懇切祈求您的原諒。」

六、由加害人主動提出防範傷害行為再度出現的計畫：

只有透過安排如何終止或防範傷害行為再度發生的實質計畫，並請求寬恕，才能避免受害者未來持續處於恐懼的情緒當中。

「我願意承擔犯行所應負擔的代價，我會與您保持遠遠的距離，我也會在遠方持續不斷地祈求您的寬恕，並且不斷地祝福您，希望您的傷害早日平復，重新找回自信。讓傷害癒合，成為一段歷史，不再攪擾您平靜的生活，讓您重新找回幸福的能力。請原諒我，如果可行，讓您自己過得好，只有您能真正的幸福，我才知道，您是真的原諒我。我才不會繼續受罪惡感的折磨，重新做個好人。」

七、由受害者對於加害人的悔意表達感同身受之意，以同理心想像對方做此行為時可能的合理解釋：

當加害人因傷害行為而深感罪惡與愧疚時，通常會自責不已。如果受害者已順利走過上述步驟，完全了解整個受害過程，情緒也得到足夠的釋放之後，就可能有機會去同理加害人的立場，或許就可以鼓勵受害者進一步以寬大的胸襟，對加害人表達同理的感受。

「生命原本就不可能一路順遂的，每個人的生命歷程中，也大多跌跌撞撞，然後才能得到足夠的智慧，穩步走在幸福的道路上。也許往後的日子，我也有可能成為另一位加害人。你承受的罪惡感雖然不比我的創傷痛苦，但是，我們應該都要給彼此機會重生。好好認識與管理你的慾望與邪惡的本質，不要輕忽它們對別人與自己傷害的潛力。」

八、選擇並承諾放掉創傷事件：

選擇寬恕，就是承諾未來不會因這件事來報復對方。隨著寬恕所帶來的心理釋放，並非完全遺忘這件事，而是盡其所能讓它成為不具影響力的歷史事件。未來還是有可能出現殘存的憤怒與怨恨，但雙方應該有共識，這整個寬恕的過程，是需要時間與耐心，才可能順利走過。

「我願意原諒你，也接受你的道歉。這是一段痛苦的歷史，讓我們一起記住這歷史的教訓。希望痛苦的代價帶給我們足夠的成長與智慧，讓我們未來的生命，能過得更加良善與平和。」

九、意義深長的寬恕儀式：

由加害人正式請求寬恕，並舉行有意義、珍貴的寬恕儀式，讓受害者實踐真實的寬恕，正式終止創傷事件的負面影響。當然，認錯與寬恕同樣都需要極大的勇氣，如何引以為戒，未來共創美好的關係品質，仍有待雙方進一步提升彼此相處的智慧。

「再一次祈求您的原諒。」
「我願意接受你的道歉。」

受害者單獨完成寬恕過程

上述是一個寬恕與和好雙向互動的珍貴過程，然而現實當中，寬恕過程未必會出現加害人願意以如此坦承謙卑的方式來認罪、悔改、請求寬恕，反而加害人常是逃之夭夭，甚至拒絕道歉的。

而受害者可以藉由這完整的治療過程，讓治療者擔任虛擬的加害人，或藉由角色互換、空椅子等心理治療演劇技巧，以還原傷害現場。

藉由這樣的治療過程，讓受害者有機會重新客觀地審視創傷事件、宣洩情緒、透過認知的修正過程，讓自己願意單向選擇寬恕、甚至嘗試去同理加害人的行為，繼而完成虛擬的寬恕儀式，將創傷事件歸到歷史的檔案中，讓自己有機會徹底從創傷事件中解放出來，重獲心靈的自由。

當生命過程中會不斷出現「重蹈覆轍」的創傷經驗時，內心必然潛藏著未解的重大情緒困擾。通常靠自己的力量，只會一次一次陷入舊有的情緒圈套，甚至是不斷地退化到幼年的情緒能力，面對同樣的困擾而無法自拔，也才會表現出如佛洛依德所言，無助地重複創傷的經驗。

這類深層的心靈創傷，如果沒有藉由心理治療的技巧協助，通常難以見到真正的問題核心，也只有藉著撥洋蔥般一層一層地進入潛意識的創傷記憶庫當中，在治療師的陪伴之下共同地探索，才有機會撥雲見日，徹底解決真正的痛苦源頭。

第17章 夢想與盼望——把自己準備好，等待機會

人生無常，痛苦的日子也常會悄悄地到來，如果沒有足夠的智慧與正確的因應態度，常會搞得人仰馬翻、痛不欲生。

「我們曉得萬事都互相效力，叫愛神的人得益處」《聖經羅馬書第八章第28節》。

就讀私立高中三年級時，我曾經立下三大願望：「三年級上學期最後一次考試第一名、畢業全校第一名、大學考上第一志願台大醫學系。」如果以後來的結果推論，可能會覺得沒什麼特別。但是以當時的客觀條件來看，特別是第三個志願絕對是不可能的任務（Mission Impossible）。

當我就讀高一時，我的選組是甲組（理工），升高二時我才轉到丙組（醫農），結果被當時的老校長叫去臭罵一頓。因為我是清寒生、唸私立高中是老校長特許免學雜費的德政，他嚴正的對我說：「你這個鄉下的窮小子，最好的出路就是考上師範大學，乖乖地做個老師就好了！」

他會這麼說是有道理的，因為我轉組的當時，所有歷屆的學長姊沒有一個能在畢業時就考上任何一所大學醫學系的，我又沒錢可以補習重考，因此當我決定轉到丙組時，等於讓學校可能少了一個會考上師範大學的機會。幸好當時我的導師兼副校長靈機一動，藉此慎重地要我立下一份切結書，內容大意是：「我○○○於兩年後必定會考上醫學系……」然後我和導師一起蓋章，作為我下定決心的證明，並取得老校長的諒解。

由於高二才轉組，沒有上過高一的生物課（老師在一年內上完三年的生物課），而且高二又沒生物課，高三時生物老師又因與女學生私奔，所以嚴格來說，我高中幾乎沒機會上生物課，因為偏遠鄉下的私立高中要請一位生物老師是何等困難。其實當初要轉丙組，是因為自覺對物理不在行，老是考得不理想，加上當時丙組不須考物理，所以也算是一種逃避心理。

不巧的是，轉組當年教育部鄭重宣布丙組加考物理，想逃都逃不掉。而且有趣的是，高三下學期最重要的時刻，物理老師還因嚴重車禍而無法上班，整個高三下學期沒有物理老師，還要成績好的同學上台教同學物理。看到這裡，你一定覺得我在瞎掰，但這絕對是實情。還有，因為學校地處偏遠，根本無法到城市補習，所以完全沒有任何補習資源。

這樣稍做說明，就可以明白為何我會說所立下的三個志願中的第三個（上台大醫學系）會有多困難，不過當時「靈智清明」的我（這是當時導師對我的評語），初生之犢不畏虎，如此宣告三大願望之後，戮力以赴，夢中也出現大學聯考高分上榜的情景，現實當中也向好朋友與老師宣告自己的願望，同學和老師也用各種方法積極鼓勵我。

結果，不僅第一個、第二個願望完全實現，甚至不可思議地應屆就考上第一志願台大醫學系，創下校史的記錄。在彼此激勵之下，當年有四位同儕考上醫學系（台大、北醫、高醫及中山），而且該屆考上國立大學的同學有五成以上。值得一提的是，本班大學聯考物理平均成績九分、數學平均成績六十分。好漢不提當年勇，寫這段歷史除了是要說明夢想的重要性，也要藉此感謝我的伯樂恩師，副校長兼數學老師。

另外一個發生在我身上的夢想故事，就是我所寫的第一本書《解開現代人的心結》。當時我在某醫院服務，台灣日報的編輯在偶然的機會之下讀到我在院訊發表的醫學文章，因此主動與我聯繫寫稿的事。於是我就試寫了一篇，沒想到該編輯總共列了十三項缺失。希望我能更正寫稿方向，當時感覺受挫，拒絕進一步回應。

原來，幸福離我那麼近！

該報總編輯卻主動打電話告訴我，她先將稿子簡單修一下，登在隔天的副刊上，希望我就照那樣的格式繼續寫下去。後來伯樂又出現了，就這樣一篇一篇地寫，到累積二十篇左右，總編又打電話告訴我說：「你可以準備出書了！」「什麼？哪有可能？」不過，還是將書本可能的大綱列好之後，文章一篇一篇地出現，果然累積到可以出書的完整篇數。

接下來就是誰願意出這樣的一本書？又是另一個坎坷的過程，投過三家出版社，都很快就被退稿了。於是，最後將稿件交給熟識出版界的學長，拜託他看一下，如果他覺得寫得不好，就直接丟垃圾桶，不用還我了。

沒想到兩週後，九歌出版社寄來出版的合約書，讓我心情峰迴路轉。這本《解開現代人的心結》不僅順利出書，還在當年獲得「行政院金鼎獎推薦優良圖書」，之後還在大陸北京華文出版社以簡體字出版、二〇〇九年又蒙天津百花文藝出版社再版。

這兩則「夢想」與「伯樂」的故事，是要勉勵習慣認為不可能的「短視近利」者，有些事情只是你沒有夢想而已，其實對社會有貢獻的夢想啟動之後，就會有眾多的伯樂（天使）一起來協助你完成，因為這個夢想不是只為了自己，而是希望對社會有貢獻，那就屬於眾人的夢想，有心人自然會凝聚且集合力量，讓共同的夢想實現。

以夢想與盼望來對治短視近利

短視近利的理性缺陷，除了容易在威脅與利誘之下，遭受詐騙的下場之外，還有其他的意義。例如受限於原本的生活環境與家庭環境，大多數人不敢夢想自己的未來，只能隨機接受環境的安排，而過著可預期的生活。

雖然這看起來也不是什麼壞事，但是如果所處的家庭環境，是貧困而匱乏時，如果沒有夢想，大概也只能延續這樣的困境，繼續在受苦的環境中打轉。而夢想則是讓人得以脫離困境非常重要的心理方法，如果能勇敢去實踐，甚至可能因此逆轉生活困境，進入幸福的園地。或是，原本自己的潛能可以創造更美好的未來，但因短視近利，安於現狀，而錯失更美好夢想的追求。

至於陷入疾病或生活重大打擊當中的人，如果因為短視而沒有盼望，也只能受限於疾病的折磨或命運的摧殘，而持續處於痛苦與絕望當中。然而苦難是培養盼望的學校，因此有了盼望，一切的痛苦都能找到確切的意義，甚至是智慧的學習場所，也能做適當的傳承，如此，這些經歷所承受的痛苦，都是值得的。以下分別就夢想與盼望，做清楚的介紹。

實現夢想

不敢夢想的準大學生

一個偶然的機會，替大學基測成績可以通過參加醫學系口試的學生進行模擬測試，其中有一個學生讓我印象深刻。他的成績可以達到南部某私立大學醫學系的口試程度，但是他卻先選擇公立大學醫學院職能治療學系，當成預設的就讀目標。

他這樣選擇主要的理由有三點，其一為家族背景中沒有人當過醫師，自己對當醫師沒有任何想法、也沒有人告訴他為何要當醫師；其二，在一次的醫院志工經驗當中，與一位精神科職能治療師深談過，就覺得這是一個好工作，可以長時間、深入地與病人相處。相對地，該治療師還告訴他醫師只會開藥，跟病人的關係淡薄。

其三，則是聽同學說，外科醫師整天上班開刀，半夜還有急診，很少與家人、小孩相處，因此生活品質差和平均壽命也短。有這三個理由放在心中，讓他覺得不想當醫師，於是才會將公立醫學院職能治療學系當成第一志願。

職業本來就不分貴賤，每個人也都有自己的偏好與選擇方式，但是如果能夠在得到完整的資訊之後，才做最後的判斷與選擇，對自己才公平，免得自己的經驗與視野逐漸擴展之後，才後悔自己過去所做的決定，並非自己最想要的。

他的第一個理由，當然是受限於家族、成長背景的視野相對狹隘，沒辦法得到對當醫師完整的概念與瞭解。於是，當醫師與賺大錢可能被畫上等號，對一個有理想色彩的準大學生來說，可能會扭曲對醫師職業的理解，而忽略當醫師對社會、家庭與親友身體健康照顧有重大貢獻的一面。

其次，透過精神科職能治療師的面談，對一個正值迷惑期的青年來說，一位親切、專業的治療師會對這時期的青年帶來美好的印象，甚至促成年輕人的高度認同，以致於直接將長者的職業視為自己最理想的目標。但這犯了取樣誤差的邏輯謬誤，因為以他較沒自信的性格，他通常就只會認同最早接觸的到的專家形象，但是如果他能有更全面性的接觸機會，他也會發現醫師、牙醫師、藥師、其他復健師，同樣都能為病患提供深入且長期的身心靈全人照護。

第三，同學口中的外科醫師，雖然是大家心目中最累、生活品質較差的職業類別，但相對他們醫術的高深、對外科疾病治療的卓越成效，對急重症病人的特殊貢

獻，在醫學界都是受到高度的推崇。雖然他們的生活品質較不理想，但想到這是他們為病患與社會貢獻而有所犧牲的結果，就令人肅然起敬。

由於醫師有許多不同的科別與專長可以選擇，同樣都能為病患作出不同領域的貢獻，但生活品質確實會因科別不同而有很大的差別。只是生活品質的好壞，也要看個人的智慧來做抉擇，同樣的科別，有的人也可以享有美好的生活品質，有的人卻過得忙碌與空虛。

如果這位準大學生有機會接受完整的醫療資訊教育，他不會受限於自己的背景、不會取樣誤差或道聽塗說，之後他所做的任何決定都是令人讚賞的。我喜歡他的理想性格與純真，因此我決定要好好鼓舞他的自信與夢想的能力，並且提供他更多的資訊與經驗，讓他能為自己的人生做出最適當的決定。

最終，這位學生順利通過該私立大學醫學系的口試，也進入該校就讀，踏上夢想的坦途。我相信他已經做了屬於自己真正的決定，而我可能成為他生命當中的伯樂之一。

讓天賦自由

羅賓森等人在著作《讓天賦自由》一書提到，要能找到自己的天命（天生的使命）與實現夢想，必須要有四個基本條件，分別是**「天份」**、**「熱情」**、**「態度」**與**「機會」**。

天份是個人與生俱來、特有的才華，可能是數學、語文、音樂、美術、體育，甚至是領導與統御等。發覺自己的天份之後，還要投注熱情，甚至認為該天份所引導出來的工作，是生命當中深刻喜悅的來源。

至於態度，則是如何讓天份發揮、熱情持續投注的特質，包括堅忍、自信、樂觀、企圖心，以及不屈不撓。當天份、熱情與正確的態度兼備之後，就是等待機會的出現，或是主動尋找機會，甚至是自己去創造機會。有時候機會是來自於結識其他懷抱相同熱情與奉獻精神的人，甚至是與志同道合的人共同去創造機會。

實現夢想的三大步驟

實現夢想一般可以分成三大步驟，包括立定遠大志向、面對挑戰與增長智慧、及踏實前行。至於實現夢想的過程，則必須要有眾多的伯樂與恩人共同協助，才能順利實現。其實，對社會有貢獻的夢想，一旦經當事人宣告之後，就會產生一種強大吸引力，讓共同關注此一夢想的人，在適當時機伸出援手，於是很多看來似乎不可能的事情，卻奇蹟式地發生。

顯而易見，外在世界看似鬆散，但卻有許多無形的力量運作在其中。因此，發出遠大志向或夢想，本身是相當重要的事。再經由面對挑戰與增長智慧的過程中，訓練完成夢想種種必備的知識與能力，外表看似迫害，其內在卻是紮實的人生歷練，養成完成夢想所需的韌性、彈性與樂觀的人格特質。待時機成熟之後，登高一呼，就能踏實前行，攻無不克，最終順利實現夢想。

要完整說明上述歷程，勢必要找出歷史上有名的典範人物，才具有說服力。於是再度請出《舊約聖經》—約瑟，讓我們一起來欣賞他的精采故事。

1.立定遠大志向（夢想）

約瑟的父親雅各有十二個兒子，而約瑟排行第十一，也是雅各心目中最疼愛的孩子，因此雅各還將家中獨一無二的彩衣送給他，公開宣告約瑟在家中的特殊地位。約瑟從小就是一位很會夢想的孩子，特別是他公開明說他所做的兩個夢：「我們在田裡捆禾稼，我的捆起來站著，你們的捆圍著我的捆下拜。」──「看哪，我又做了一個夢，夢見太陽、月亮與十一個星向我下拜。」──《聖經創世記第三十七章第9節》

很顯然這兩個夢預示約瑟未來必定是一位了不起的高官，地位高到父母、兄弟都必須向他跪拜。父親雅各很有遠見，能明白約瑟的夢想，但他的兄長們卻是相當短視，認為約瑟很臭屁、狂妄，而對他嫉妒萬分，也由於約瑟常向父親打小報告，因此眾兄弟更加痛恨他，甚至將他丟到坑中，要讓野獸吃掉。若非四哥猶大心軟，最後只是將他偷偷賣給商人做奴隸，否則就不會有後續的故事發生了。

夢想其實人人都有，只是大部分的人都是想想就算了，日後在現實感的催逼之下，大多逐漸褪去，只有屈就眼前所能努力得到的目標。能夠堅信自己能夠完成夢想，並踏實前行的，確實寥寥可數，但也往往令人讚嘆

夢想無法實現的原因，通常在於目光短淺，因為以眼前的條件，要完成遠大的夢想，看起來似乎就是困難重重。必須加上信心、勇氣與堅強的意志力，才有可能實現。

馬丁路德．金恩博士最有名的演講《我有一個夢》，真正引導美國走出奴隸制度的陰影，邁向全然自由的國度；他的影響力無遠弗屆，甚至讓今天的歐巴馬有機會能當選美國總統，我將部分撼動人心的演講內容摘錄如下：

「……我夢想有一天，我的四個孩子將在一個不是以他們的膚色，而是以他們的品格優劣來評價的國度裡生活。……有朝一日，那裡的黑人男孩和女孩將能與白人男孩和女孩情同骨肉，攜手並進。我今天有一個夢想。我夢想有一天，幽谷上昇，高山下降，坎坷曲折之路成坦途，聖光披露，滿照人間。這就是我們的希望。我懷著這種信念回到南方。有了這個信念，我們將能從絕望之嶙，劈出一塊希望之石。有了這個信念，我們將能把這個國家刺耳爭吵的聲音，改變成為一支洋溢手足之情的優美交響曲。……我們將能夠加速這一天的到來，那時，上帝的所有兒女，黑人和白人，猶太教徒和非猶太教徒，耶穌教徒和天主教徒，都將手攜手，合唱一首古老的黑人靈歌：『終於自由啦！終於自由啦！感謝全能的上帝，我們終於自由啦！』」。

舉出歷史上的偉大人物，目的只是從他們立下遠大志向、接受磨練、並完成夢想的過程中，找出一般人能學習的精神與方法。因為大部分的人都只是普通的凡人，並無法完成太了不起的夢想。但是人如果沒有夢想，就常只能侷限在自己困頓的生活當中自怨自艾，特別是生長在窮困的家庭環境當中。而夢想引領人去發掘自己內心潛藏的巨大力量，一旦透過類似偉人們實現夢想的過程，去啟動這些潛在的能力與相應的社會資源，平凡人也經常能創造出令人刮目相看的成就。

2. 面對挑戰與增長智慧

當約瑟被哥哥們賣給來自埃及城裡的商人之後，開始了奴僕生涯。他並沒有因此自怨自艾，反而更加勤奮努力，最終還在主人的賞識之下當上了總管家。但沒想到，年輕俊俏的約瑟，成為老闆娘垂涎與誘惑的對象。

對一位年輕氣盛的青年來說，是很容易受到誘惑而犯罪的，但約瑟是一位忠貞的僕人，也是一位對神有堅定信仰的人，甚至對自己的夢想相當執著，而不輕易落入誘惑的圈套。但妖女色誘不成之後，扯下約瑟的外衣，控告約瑟強暴未遂，而被主人下到監牢。

即使被陷害下到監牢，都沒有將約瑟的意志力擊倒，反而更加地努力不懈，取得獄中長官的賞識，成為獄中的管理者。聖經當中記載著：「凡在約瑟手下的事，司獄一概不察，因為耶和華與約瑟同在，使他所做的盡都順利。」可見約瑟的信心如此之巨大，沒有受到絲毫動搖。

約瑟在監牢當中，不吝惜地對獄友伸出援手，成為他們的安慰來源，讓所有人對他服服貼貼。此外，約瑟也是解夢高手，剛好同獄之中關有酒政與膳長，兩人同時各做了一個夢，經過約瑟的指點，果然酒政三天後被恩賜出獄、膳長則三天後被斬首示眾。於是約瑟希望酒政出獄之後，能在埃及法老王面前美言幾句，助他也能早日出獄。沒想到，這一等就是兩年，毫無音訊。

直到法老王自己做了兩個怪夢，眾將官無人能解之後，酒政才想到擅長解夢的約瑟，於是向法老王舉薦。約瑟幸運出獄之後，來到法老王面前。法老王的兩個夢分別是——「在河畔青草地，七隻瘦牛吃掉七隻肥牛」、「在河濱肥沃的沖積土，七個細弱的麥穗吞掉七個肥碩的穗子。」

約瑟如此說：「這不在乎我，神必將平安的話回答法老。」而且約瑟如此解夢：「七隻肥牛與七個肥穗代表七個大豐收年，七隻瘦牛與七個瘦穗代表接踵而來的大荒年，而且後來的七個荒年必定會滅掉七個豐年所有的收藏。」於是法老王就指派約瑟成為全埃及的宰相，治理全地，對夢境當中所啟示的災難，做好萬全的準備。

這些受苦的過程其實是化妝的祝福，從被下到坑中餵野獸、被賣到埃及城裡做奴僕、被妖女誘惑不成而誣陷下到監牢、在監牢蹲了兩年，這種種嚴厲的打擊，所造成的痛苦、憂傷、束縛，表面上似乎足以摧毀一個人所有的夢想、意志力，甚至讓人出現輕生的念頭。

相對也因為這種種的考驗與磨練，才能鍛鍊出鋼鐵般的毅力、耐力、決心與堅忍不拔的韌性，這些都是完成夢想所不可或缺的能力。這麼截然不同的結果，關鍵就在於對夢想的信心與堅持，他總是把自己準備好，等待破繭而出的機會。因此遇到問題與困難，是完成夢想過程中必然要面對的考驗，讓一位稚嫩的青少年，淬鍊成一位無堅不摧的時代巨人。

當一個人被下到監牢之後，面對窗戶可能會出現兩種態度，其中一種看著欄杆，那明顯、醜陋、勾起殘酷現實的金屬，完全限制住他的自由。日復一日，沮喪、苦惱、憤怒和失望與日俱增。相反的，另一種態度卻透過窗戶遙望遠處的星光。當他想到將來或許能夠自由自在地開展新生活時，內心燃起了無窮的希望。

兩種態度望著相同的窗戶，其中一種看著的是欄杆，另一個人卻仰望星光。兩種截然不同的透視力，造成他們生命巨大的差別。因此，有遠見者是以解決困難為導向，而非以困難為導向。這兩者間存有天壤之別，前者會堅決而專一地致力去尋求解決之道，並逐日增長智慧；後者則坐困愁城，且逐日凋零。

曼德拉被下到監牢二十六年之後，當選南非總統，並且成為南非民族融合運動的靈魂人物。歐巴馬從八年前存款一無所有的非裔美國人，八年後當選美國總統，都是類似的典範。

3.踏實前行

約瑟於旦夕之間，在冠蓋如雲的高官當中，從一名囚犯被高舉為埃及的宰相。除了約瑟解夢的能力之外，他也提出解決嚴重飢荒非常有前瞻性的策略與執行方案，並表現出明快的智慧與當機立斷的魄力。

他建議法老王揀選一群精明幹練的賢能之士統籌辦理這件大事，重新組織一個新的行政部門，負責在七年大豐收的日子，徵收大量的五穀，收存在各城的糧倉當中，有備無患，為接下來的七年歉收的日子預做準備。這是相當有遠見且極大規模的動員，必須龐大人力與物力的投資，才能做到。約瑟透過這樣的高瞻遠矚、未雨綢繆的良策，並且發揮極高效率的執行力，踏實前行，最終達成使命，衣錦還鄉。

實現夢想的過程中，如果沒有過人的智慧、組織與領導，精良的策劃，與高效率的執行能力，確實不易達成。因此，約瑟對神忠貞的信仰，是他智慧與信心的來源，透過總管家、獄中管理者的訓練，讓他學會領導與組織的能力，並且有著高度的效率，讓主人都能滿意且放心地將大權交給他。原來這一切苦頭，都是未來擔當大任所必經的路程，如果沒有遠見與夢想的支持，平凡人士難以撐過這種種嚴苛的考驗。

4.伯樂

不管約瑟處在何種境地，他總是把自己準備好，等待破繭而出的機會。而他生命中的伯樂，也總是在適當的時間出現，協助他踏上實現夢想的旅程。父親雅各從小就對約瑟讚賞有加，特別鼓勵與高舉他的潛力，讓約瑟對自己深具信心。四哥猶大因為不忍心約瑟被野獸吃掉，而堅持將約瑟賣給商人，改變歷史的軌跡。這埃及城裡的商人適時地出現，讓約瑟得以從荒野來到京城開拓眼界，增長見識。

而在主人的賞識之下，被提升為總管家，接受領導統馭能力的訓練。典獄長的慧眼，讓約瑟在獄中也能磨練過人的毅力與領導的能力，甚至展現體貼人心的悲憫情懷。酒政的美夢，讓約瑟的解夢天份得以發揮，兩年之後，酒政的提拔，讓約瑟解夢的能力，得以臨到權力的核心──法老王的跟前，解開預表未來的時代大夢，並展現雄才大略的本事。最終，將所有生命中累積的能力，全然發揮出來，拯救全埃及百姓，免於飢荒之苦，讓夢想得以完全實現。

對大部分的人而言，都無法承擔舊約聖經約瑟如此的重責大任。然而，這樣的夢想實現過程，確實可以在一般人的生命當中發生，就像我自己在之前「勇於夢想」一章節當中所提的故事，其實也有這樣的影子存在。許多看似不可能的事情，卻以令人驚奇的方式發生在平凡人的身上。

「考上台大醫學系」、「出版書籍」對大多數人而言都不是容易完成的事，但是有這樣的夢想在我的心中出現，並且盡全力去實現的過程，確實會令自己與身邊的親友感到不可思議與神奇。

這些例子都是要說明「培養遠見與實現夢想的重要性」，不要輕易放棄夢想，也不要太快說「不可能」，關鍵在於夢想是否對社會有益，加上在你心中對實現夢想的意志力是否足夠強大，以及所發出的訊息是否能夠讓身邊的伯樂能接收得到；最後則是，實現夢想的過程，是否能永不放棄、愈挫愈勇。

苦難是培養盼望的學校

幸福的日子要珍惜，因此勇於夢想、活在當下都是適切的態度。但是人生無常，痛苦的日子也常會悄悄地到來，如果沒有足夠的智慧與正確的因應態度，常會搞得人仰馬翻、痛不欲生。

對佛教來說，人的一生真是苦海無邊，因此所有的教義均為教導眾生「離苦得樂」的妙法。

對基督教而言，約伯的痛苦，少人能及，卻也道出了許多人的心聲——

受患難的人為何有光賜給他呢？
心中愁苦的人為何有生命賜給他呢？
他們切望死，卻不得死；求死，勝於求隱藏的珍寶。
他們尋見墳墓就快樂，極其歡喜。
人的道路既然遮隱，神又把他四面圍困，為何有光賜給他呢？
我未曾吃飯就發出歎息；
我唉哼的聲音湧出如水。
因我所恐懼的臨到我身，我所懼怕的迎我而來。
我不得安逸，不得平靜，
也不得安息，卻有患難來到。《聖經約伯記第三章20-26節》

原來，幸福離我那麼近！

這段話也明白點出憂鬱症的九大症狀，即憂鬱情緒、失去樂趣、認知功能遲鈍、自殺意念、自責、躁動不安、失眠、疲憊與食慾不振。

於是整本聖經，幾乎都是在傳遞「信、望、愛」的訊息，教導人即使處在苦難中，仍能持守不變的信心、盼望，並且彼此相愛，最終必能度過苦境，重獲幸福。

史懷哲曾說：「我們要常懷著盼望，因其對人的重要性如同生存所需的氧氣。」

教宗本篤十六世也說：「疾病與痛苦的經驗成為培養盼望的學校……不是逃避痛苦能夠使人獲得痊癒，而是勇於面對折磨，在折磨中使自己成熟……最終找到痛苦的意義，這才使人（身心靈）得到真正的痊癒。」

因此，如果沒有足夠的智慧，甚至彼此互相關愛與支持，人在面對生命當中必然存在的苦難與打擊時，將會顯得脆弱而難堪，甚至因痛不欲生，而選擇不自然的死亡方式，留下更多的痛苦與創傷。而如果沒有信仰與盼望，一輩子辛勤努力的代價，生命的結局，不出生離死別、老弱殘病的磨難。

老、病、死表面上看似折磨與不斷的痛苦，但是信仰與盼望的力量，確實能讓我們得以用兩個角度來看到曙光。

信仰的角度

「看哪！神的帳幕在人間。他要與人同住，他們要做他的子民；神要親自與他們同在，做他們的神。神要擦去他們一切的眼淚。不再有死亡，也不再有悲哀、哭號、疼痛，因為以前的事都過去了。」──《聖經啟示錄第二十一章3-4節》

從信仰的角度來看，死後有天堂，甚至天堂可以重現人間，那世上一切的苦痛與死亡，都不再令人恐懼。

或許天堂距離人的想像還有些遙遠，如果人在受苦當中，有著上帝的親臨陪伴，那將是一段可歌可泣的旅程。於是大衛譜下如此令人詠嘆的詩句，流傳千古。

「耶和華（上帝）是我的牧者，我必不至缺乏。他使我躺臥在青草地上，領我在可安歇的水邊。他使我的靈魂甦醒，為自己的名走義路。我雖行過死蔭的幽谷，也不怕遭害，因為你與我同在；你的杖、你的竿，都安慰我。在我敵人面前，你為我擺設筵席。你用油膏了我的頭，使我的福杯滿溢。我一生一世必有恩惠慈愛隨著我，我要住在耶和華的殿中，直到永遠。」──《聖經詩篇第二十三章1-6節》

兩位宗教大師臨近死亡時期的對話，或許就能看出信仰所帶來豁達與力量。單國璽樞機主教：「我被賦予的使命，就是讓人們看到，在人生的轉彎處，總會有一雙無現慈愛的大手在背後，化成一股力量，讓人們真正了解人生與死亡的意義。」「不要祈禱天主為我顯奇蹟，因奇蹟意味著破壞自然的規律。大家只須為我祈禱，請天主給我力量，讓我好好地背這個十字架。」

聖嚴法師：「其實，人一出生，死亡就跟著我們了。」「面對隨時會到臨的死神，我們要想著自己有永遠的過去，還要想著有永遠的未來，這是接受死亡最好的心理準備。」「認知這一生的死亡只是下一世的開始，你會更從容面對曲折的人生處境，以及生死問題。」

智慧傳承的角度

憂鬱症與癌症目前都是全世界眾多人口與家庭深受其苦的原因。人的一生中有百分之十五左右的機率會罹患憂鬱症，而百分之二十五的機率會罹患癌症，前者是心理的至苦經歷，後者則是身體至苦的創傷。我們如何從這些身心至苦的經歷當中看到盼望？

有一位患重度憂鬱症的男子，帶著沉痛的心情來就診，他說：「醫師，我真的活得很痛苦，我真的很想死，我可不可以去自殺？」

妻子紅杏出牆，拋棄他與兩個孩子，離婚之後還時時纏著他要贍養費，加上他工作不順利、兩個孩子又值青春叛逆期，搞得他身心俱疲，最後終於撐不住，而陷入深沉的憂鬱當中。

「我能了解你的痛苦與無望，要在這時候如何為你打氣與鼓勵，還真是不容易。」「不過你所做的決定，會對你未來的子孫造成重大的影響。或許自殺解決了你一時的痛苦，但卻是把所有的問題與痛苦延續到家族與子孫身上，因為你會為這個家族立下一個解決問題的不良示範，之後的親族與子孫就有可能選擇這樣的示範，當面對痛苦與一時無法解決的問題時，就輕易地選擇放棄生命的方案。」

「但是你如果能靜下心來想一想，並且提起勇氣，接受藥物與心理治療，在心理上就可能讓你撐過這巨大的痛苦。因為藥物與心理治療的目的，在於引導你視憂鬱症為生命的考驗，藉由症狀與痛苦的引導，了解內在智慧的不足與學習的需要，經過一段時間的努力，或許就能開發出內心所潛藏的韌性與力量。

藉由這股力量，使你能夠再度接受挑戰，並逐步去克服生命磨難所產生的種種問題。最後，即使經歷過這許多令人難以承受的痛苦，你都能屹立不搖，直到生命

的最後一刻，你絲毫都沒有被擊垮的跡象，這段克服憂鬱症過程，所產生的成長經驗與智慧，就能傳承給你的親友，成為世世代代的典範。」

經過積極的藥物與心理治療之後，他硬是撐了起來，咬著牙繼續過苦日子。只是這麼多的苦難，竟悄悄地啟動他的肺癌細胞，並且流串全身。一發現肺癌之時，已達癌症末期，而必須接受化學治療。此時，生命對他又加上一次的重擊之後，重度憂鬱症又再度來襲。

「醫師，我的命運如此坎坷，我一生光明磊落，為何必須承受這接踵而來的打擊？這次，我還是要問你，我可以去自殺嗎？」

「聖經裡面的約伯（註①），也有類似你的遭遇，雖然他也曾經有放棄生命的念頭，但終究堅定的信仰讓他堅持下去，最終他的結局如下：『耶和華（上帝）使約伯從苦境轉回，賜給他的比他從前所有的加倍。』」

「上帝雖然賜給約伯物質上的補償，但物質世界畢竟是短暫的，更重要的是約伯堅定的信仰，與克服萬難的智慧與毅力，傳遍全世界且綿延數千年。」

「克服重度憂鬱症，之前你已經有過戰勝的經驗，這我比較不擔心。倒是肺癌末期的折磨，對你來說也是全新的挑戰，我會陪你走過最後這一段路程。讓我們回歸理性，讓現代進步的癌症醫療幫你走過前半段，讓生活品質得以維持，讓你和家人仍能一起面對與解決家庭的困境。後半段，我們就交給安寧病房，讓身心靈全人治療團隊一起陪你走過生命最後的階段，做好最後謝幕的準備。」

精神科醫師弗蘭克針對苦難的意義，做了以下的表示：「一個人若能接受命運及其所附加的一切痛苦，並且肩負起自己的十字架，即使處在最惡劣的環境中，照樣有充分的機會去加深他生命的意義，使生命保有堅忍、尊貴與無私的特質。」

因此智慧的傳承，就是盼望的另一種意義，苦難表面上看起來是一種折磨，會帶來難以承受的痛苦，背後卻往往是一種祝福。持受盼望的心，會讓你轉到正向思考的路途，不再孤單，因為你的奮鬥不僅為你自己帶來智慧，甚至成為身邊家族的典範，於是你就比較能敞開心胸，勇敢地面對生命中的任何挑戰。

註① **聖經約伯**：聖經約伯記是探討人類受苦的問題，在這卷書中描述一位身心飽受折磨的人，還有他那些竭盡所能想幫助、卻只是雪上加霜的朋友。此卷書帶我們面對許多生命中難解的謎題，例如一生行善，為何還遭遇到悲慘的命運打擊？我們會看到約伯帶著對神的信心不斷地掙扎，最終還因著堅定的信仰，得到雙倍的賞識與祝福。為受苦難的人，提供最好的典範與意義。

第18章　憂傷痛悔的心——你必不輕看它

「神所要的祭，就是憂傷的靈。神阿！憂傷痛悔的心，你必不輕看。」

《聖經》

聖經撒母耳記當中詳細記載著大衛王犯錯與悔改的過程。

大衛利用自己的權勢，與拔示巴犯了姦淫，拔示巴因而懷孕，這非同小可，因為拔示巴乃是有夫之婦，她的丈夫「烏利亞」是大衛的戰將，正在前線為大衛爭戰沙場！為了掩蓋這件醜聞，大衛將烏利亞調回，希望他與妻子同房，盤算問題可能因此解決。

但忠心耿耿的烏利亞，顧念同袍仍在前線奮勇殺敵，心有不安，就是不願回家和妻子同寢！於是大衛藉著宴席將烏利亞灌醉，希望他能夠回家睡覺，誰知烏利亞就是不願回家。大衛情急之下，心生詭計，命令元帥約押，派烏利亞到最接近敵人的第一線戰場上，假敵人之手，真的就把烏利亞給殺了。

七天之後，大衛立即迎娶拔示巴，藉此掩飾而不讓人懷疑他們早已暗結朱胎，以為這樣做已是天衣無縫！然而，大衛殺人夫、奪人妻，嚴重觸犯「不可姦淫、不可殺人、不可貪戀」三大誡命，引起神的震怒！神因為鍾愛大衛，希望給他認罪悔改的機會，但一年的時間已過，大衛仍然執迷不悟。

於是，神藉著拿單的口對大衛說：「你在暗中行這事，神卻要在以色列眾人面前，日光之下，報應你。你必不至於死。只是你行這事，使神的名受到褻瀆，大衛的家中必有刀劍的禍害，你所得的孩子必定要死。」

於是大衛陷入了人生的重大危機，神不但要公開揭穿他的姦情，更斬釘截鐵地宣告，「他和拔示巴所生的孩子必定要死！」

大衛後來確實有認罪求饒恕，雖然這第一個孩子真的死了，但神最後還是饒恕了大衛，讓他之後有了一個健全的孩子，就是開啟猶太盛世的智慧之王—所羅門王，也是聖經智慧之書「箴言」的作者。

在聖經詩篇第五十一篇當中，可以看出大衛認罪悔改的誠意：「神阿，求你按你的慈愛憐恤我，按你豐盛的慈悲塗抹我的過犯！求你將我的罪孽洗除盡淨，並潔除我的罪！因為我知道我的過犯，我的罪常在我面前。我向你犯罪，惟獨得罪了你，在你眼前行了這惡，以至你責備我的時候顯為公義；判斷我的時候顯為清正。……神所要的祭，就是憂傷的靈。神阿！憂傷痛悔的心，你必不輕看。」

以悔改來對治自欺欺人

雷霍德．尼布爾曾經這樣禱告：「神啊！求你賜給我寧靜平和的心，來接受我所無法改變的事物。也賜給我勇氣，讓我去改變我所能改變的事物。更要賜給我智慧，足以分辨兩者的不同。」

犯錯的人，特別是累犯、甚至是出軌成癮的人，都很需要改變的勇氣，事實上認錯並不可怕，因為可以重新再來，聖經裏有著非常經典的勸告：「若有人在基督裡，他就是新造的人，舊事已過，都變成新的了。」《聖經哥林多後書：第五章第17節》然而不認錯的人，只能一再地自欺欺人，將過錯推給他人，一再錯失改過的機會，只會讓傷害一再的延續與擴大，終將成為眾人所唾棄的對象。

尋求專業的心理治療，以找出自己不斷犯錯的根源，是悔改相當重要的步驟，因為許多的罪過都源自於成長過程的心理創傷，而這些創傷常因造成當事人痛苦不堪，藉由心理防衛機轉進入潛意識，而無法被當事人意識察覺，而使得當事人不斷犯下類似的錯誤。藉由精神分析治療，是最適合找出問題根源最典型的心理治療模式。

此外，由匿名戒酒會十二步驟所修訂的戒癮十二法則，也可以讓犯錯而難以改變的人，有著清楚的遵循方向與步驟，幫助犯錯者勇敢跨出求助與改變的第一步。

精神分析場景

阿葉來到心理治療室的主訴

1. 情緒低落、哭泣、不能專心、食慾不振、對週遭所有事情失去興趣、樂趣、人生無意義、有自殺的念頭，持續三個月。
2. 與丈夫之間的關係：嫌惡丈夫俗不可耐、無法接受丈夫親密接觸和性關係。
3. 對孩子沒有耐性、特別是女兒，會對她大吼大叫。
4. 過去常有外遇衝動、甚至實際行動。
5. 工作場合：無法與女性同事和平相處。

阿葉的家庭史

母親在其年幼時去世，父親長年在外工作，少在家，與弟弟相依為命，並由感情淡漠的祖母帶大，生命中缺乏親情溫馨關注的機會，長大後渴求被肯定、被關注，特別是男性。

因此生命歷程中不斷重演「父親角色的難以靠近、被忽略與被拒絕的創傷經驗」，並積極往外尋求生命中難以得到的愛。

與男性的親密關係

在阿葉結婚兩年後，對一位英俊、多才多藝的男性同事表達愛意，但沒有進展。結婚七年後，開始發生外遇，持續一年，被對方配偶察覺而分手。一直認為丈夫像個木頭、缺乏情趣、不解風情，對於他的靠近、觸摸、性愛及親嘴，是嫌惡從低到高的排行榜。由於生性多感，對生命的悸動，苦無適當對象可以分享，於是認定家庭之外必有真命天子。

治療情境一

阿葉：「……我好多了，後天應該是我們最後一次治療了吧……」

（才第三次治療，就打電話希望盡快終止治療，結果當天下午即與網友發生一夜情。）

阿葉：「……下星期我沒空去接受治療，再下星期也沒空，雖然我很想去，但是又不太敢去……」

阿葉：「…我分不清楚去見你是要看病，還是純粹想看你…」

治療情境二

治療師：「整理一下你認為治療應該結束的理由，如憂鬱症狀改善程度、與先生的關係改善狀況…」

治療情境三

阿葉：（傳了一張紙條給治療師，上面寫著「很想念你」四個字）

「…我如果對治療師表達愛意，害怕會失去治療的客觀性，所以一方面怕被拒絕、一方面羞於面對治療師，所以希望不要再繼續接受治療…」

「…想你，每天無時無刻不在想念你，多年來其實就一直在注意你的消息…」

「…你英俊瀟灑、口才好、學識豐富、愛家、疼小孩，條件真好…」

治療情境四

治療師：「…幼年時的創傷經驗如果未經發覺，並經妥善處理，就有可能在生命中的某些時刻不斷重演，但卻是無助地重複創傷的經驗。…」

阿葉：（淚流滿面）

（一開始掩蓋網路虛擬性愛沉迷及與網友發生一夜情，經詮釋後才清楚透露實情，她自己解釋為無法宣洩對治療師的愛慕之情，所進行的情感轉移。）

治療情境五

阿葉的夢：「……夢中，我看著你（治療師）和太太帶著孩子們，我就一直這樣盯著看，久久不肯離去……」

治療情境六

阿葉的自由聯想：「……想到小時候到伯父家，見到他們一家和樂融融的景象，那時真的非常羨慕自己也能有這樣的一個家……」（哭泣地訴說兒時的情景）

治療情境七

治療師對指導老師說：「阿葉，這麼有才情的女子，卻深陷情色風暴，對我又百般挑逗。我一向對美女都非常有好感，有時候她說那些曖昧的話語、或有意的肢體碰觸，都會讓我的身心起了不該有的反應。」

指導老師：「阿葉只是在對她生命歷史中的人物玩遊戲，而你只是她戲中的替身而已，別高估你自己的魅力，也千萬別利用別人的脆弱時刻，去榨取你個人的利益，這是心理治療最嚴重的禁忌。」

治療情境八

治療師：「……，目前出現在你生命中與男人的關係，很可能是過去與父親之間親密關係發展的不滿足，所造成的情感轉移。如對丈夫所出現的負向情感轉移，重現過去生命中與男性親人的疏離關係，會造成目前和丈夫難以相處的結果；至於對家庭之外其他的男人，如愛慕的同事、外遇對象及對男性治療師，則是出現強烈渴求、卻無望的情愛轉移情感……」

治療師：「至於對女兒及女性同事所表現的不友善態度，則根源於母親的早逝、冷漠的祖母，潛意識對同為女性的角色感到憤恨與厭惡，以至於將這樣的負向情緒與態度投射到現實生活中的女兒及女性同事，而實質造成關係上的危機，帶來生活上的困擾……」

治療情境九

阿葉：「⋯⋯從來沒想過會把現在的困擾和過去的生活經驗連結在一起，現在談開之後才突然想通這層關係，過去跟父親的關係會影響到我和丈夫目前的相處關係，以及對治療師的愛慕⋯⋯」

最終治療成果

經過一年的長期心理治療過程，阿葉也逐一探索及分析其他重要的人際關係，並獲得如下的改善——

1. 憂鬱症狀已明顯解除，恢復往常的生命活力。
2. 恢復與丈夫的性愛高潮。
3. 已可正常享受與丈夫之間的肢體接觸及溫情溝通。
4. 對治療師的轉移情感已然釐清與減緩。
5. 戒除對網路虛擬性愛的沉迷。
6. 與女同事相處關係明顯改善。
7. 對女兒之態度變得和緩。
8. 恢復正常的工作步調。

認罪與悔改的十二步驟

步驟一：承認自己的缺點與軟弱

承認自己常有傷害他人、意外頻傳以及冥頑不靈的壞習慣，且失去有效的掌控力，因而使得生活變得混亂，難以管理。這個步驟主要的任務，在於發展對自己問題的覺察能力，去除自欺欺人的表面障礙，誠實地去面對自己所犯下的錯誤，並謙卑地承認過去因為對自己行為的掌控能力不佳，以至於不斷地犯錯。

「我搞砸了自己的生活，陷在不倫之戀當中，無法自拔。一邊是伶俐、美艷、與浪漫，另一邊則是溫柔、賢淑、與堅定。我在浪漫與責任的邊緣掙扎。」

步驟二：培養希望

相信如果要去除惡習，恢復正常與健康的生活型態，就應該改變自己內在的心理問題，而且相信各種心理與社會資源可以提供我們力量，讓我們確實完成改變。此步驟的主要任務在於對未來抱持恢復正常的希望，而且有信心藉由相關的心理與社會資源的協助，就一定能夠成功。

「會陷入這種痛苦，源於自私與貪婪，衝動與不理性，我需要被幫忙，因為我發現自己無能力可解決這道難題。」

步驟三：下定改變的決心

下定決心，以開放的態度接受週遭所能提供的精神力量，同時以行動改變我們的生活。此步驟主要的任務在於做出正確的決定，接受他人的協助，並採取必要的行動。

「良心道德與社會責任告訴我，應該回到家庭去，扛起應有的家庭及社會責任，因為自私的結果終究會帶來社會的反撲與毀滅。」

步驟四：敞開心胸、自我探索

真誠探索自己的內心世界，以認識自己的思考、情緒和行為等方面的真正特質。充分認識自己的優缺點，是很重要的步驟，徹底檢驗自己內在的心理素質。認識與肯定自己的優點，並接納與改進自己的弱點，因為這兩者都是我完整個人的一部分。此步驟主要的任務在於敞開心胸，真實面對自我。

「我是一位看重孩子的人，我也是從不幸福家庭中成長過來的，深知孩子在這樣不幸的環境中長大，一輩子會非常地沒自信，而且難以體會與學習幸福的道理，注定要進入不幸福的家族循環。在未失去理性之前，我也是一位樂於助人、勤奮的工作者，而且我相信自己的本性不壞，只是這難以抗拒美色誘惑的惡習，唉！」

步驟五：勇敢向專業人士求助

向其他人談及自己真正的本性。承認自己的問題，並且向專業人員求助，是很重要的步驟。畢竟很多我們內在的問題、心理陰暗面、性格的缺陷，是很難藉由自己省察而做出改變。因為心理防衛機轉會讓我們的問題隱藏起來，例如潛抑、合理化與投射等，以至於讓我們無法找到真正可以改變的機會。藉由專業人士的協助，有助於讓我們認清自己的真正問題。此步驟最主要的任務在於信賴專業，與坦白誠實的特性。

「醫師，我需要您的協助，我的本性善良，但我迷失了人生的方向，我潛在自私、貪婪、不成熟的性格，將我帶到毀滅的邊緣。我總是挑剔妻子的缺點，忽略她是個護衛家庭的天使。醫師，我相信你，協助我走出這痛苦的情境吧！」

步驟六：預備改變的正確心態

做好萬全的準備，確認自己的內在力量。要改變除了認識自己以外，還需要充足的精神力量，以突破個人軟弱或受制於習慣的束縛。此步驟主要的任務在於準備好接受改變的心態。

「我感到軟弱，特別是當我陷入兩難的情境時，三方的痛苦都是我自己造成的，他們都是無辜的。我很想改變，進一步的傷害難免，但是我如何將這痛苦與傷害降到最低？」

步驟七：勇敢地行動

誠實、謙虛且勇敢地行動，培養自己的優點，去除個人的缺點。已經清楚認識自己的優缺點，而且預備好改變的心態，接著就要勇敢地去行動，強化自己的優點，並針對自己的缺點一項一項去改進。此步驟主要的任務在於對自己負責、致力改變、勇氣、謙虛與自我管教。

「我會勇敢承擔犯錯的代價，作出正確的抉擇，不再以自我利益為考量，不道德的事情無論經過如何的美化，都只是欺騙自己，最終讓情境看起來更加不堪。我要勇敢結束這段不倫之戀，承擔我生命中不可推諉的責任，我要學著更為他人著想，不要把快樂建立在別人的痛苦之上。」

步驟八：尋求寬恕

列出一張名單，內容包含凡是我們曾經傷害過的人，包括自己在內，並決心補償他們。而且對於曾經傷害過我們的人，也能欣然地原諒他們。這不是件容易的事，願意認罪悔改，並且實質補償曾遭受我們傷害的人，而也要提起勇氣寬恕曾經對我們造成傷害的人。雖然不容易，但卻是非常關鍵的步驟。此步驟最主要的任務就是謙卑認罪悔改、慈悲寬恕他人。

「我對不起妻子與孩子，我希望他們原諒我，我願意用後半輩子的所有力量來保護與捍衛他們的幸福與健康。我也對不起情人，因為我的自私，讓她捲進社會譴責的犯行，我也求她原諒我，希望兩個人曾有的愛情，化成社會的大愛，讓這個社會回復平靜，再度成為社會穩定的力量。我也向這事件所有受牽連、傷害的親友道歉，希望他們能原諒我，讓我重新站起來，盡力去彌補我的過錯。」

步驟九：實踐悔改與補償的行動

把握機會毫無條件地補償那些曾經被我們傷害的人。認罪悔改必須有實際的行動，而非口惠而實不至，才能顯露真正的誠意。此步驟最主要的任務在於確實改變、誠實與承擔責任、祈求原諒。

「我一一地向這些最親愛的人道歉，並祈求他們的原諒，也感謝他們都能真的原諒我的愚行，讓我重新回到健康社會的行列，將我的能力貢獻給這個令人疼惜的環境。」

步驟十：反省與檢討

繼續追蹤、審察自己，確認是否成功，並迅速糾正自己的過失。行動之後，就是要看自己的實質表現，方向或方法是否正確，如果有錯則及時改正，重新來過。此步驟最主要的任務在於堅忍，正確解決問題，也能避免重蹈覆轍。

「我一步一步小心，且勇敢地解決所有的問題，我也誠實面對自己的罪惡，我願意付出代價，無論多麼的痛苦，這都是我自己應得的。我要堅持下去，直到所有的人都能真正地原諒我。」

步驟十一：持續成長

結合精神的能量與察覺力，協助我們在生命的智慧與喜悅中持續成長。一旦成功改變與解決自己的問題之後，仍要持續不懈地讓自己智慧增長，不斷學習。此步驟的任務在於開放自我，與週遭的生命和精神資源結合，進一步壯大自己的精神力與智慧。

「從這治療的過程中，我學到很多生命寶貴的智慧，我也會好好珍惜這重獲的自由與幸福。我會更認真來學習與領受更多幸福的功課，有信心不再去傷害身邊的任何人。」

步驟十二：實踐承諾、奉獻社會

處理我們所有的事情時均依據十二步驟的原則，並且把十二步驟的訊息傳遞給別人，甚至主動協助他人找出正確的方向，鼓勵別人也能勇於改變。既然自己從他人得到許多的協助與關愛，讓我們得到成長與茁壯，我們也要回饋社會，扮演幫助者的角色，對社會做出貢獻。此步驟最主要的任務在於承諾，實質為別人與社會服務。

「我已經了解、並順利地度過這整個犯錯、認罪、悔改、祈求原諒、重新再站起來的寶貴過程，認識被愛與愛人的真諦。我要將這寶貴的體驗，告訴更多的人，讓他們也能覺醒，確實管理好自己的慾望，珍惜得來不易的幸福生活，並且誠實地解決生命中的難題，不再陷入痛苦的深淵。」

Part 5

愛是永不止息！一起來幸福吧

你們一同出生，也將長相廝守。
當死神之翼驅散你們的生命時，你們也應在一起。
即使在上帝的記憶中，你們也將始終相守。
但是請在你們的世界中保留一些空間，
好讓空氣中的風在你們之間舞蹈。
彼此相愛，但不要讓愛成為你們之間的束縛。

（婚姻 Kahlil Gibran, 1883-1931）

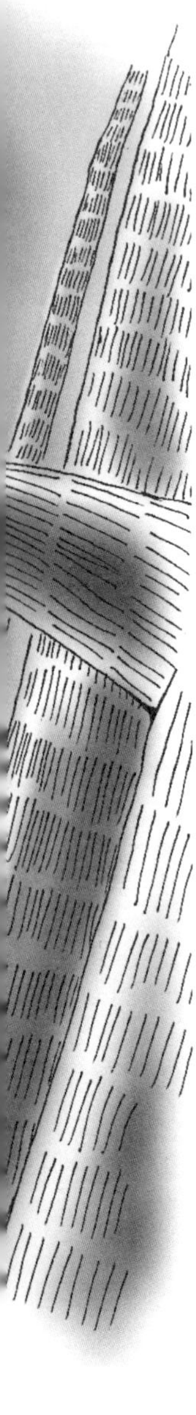

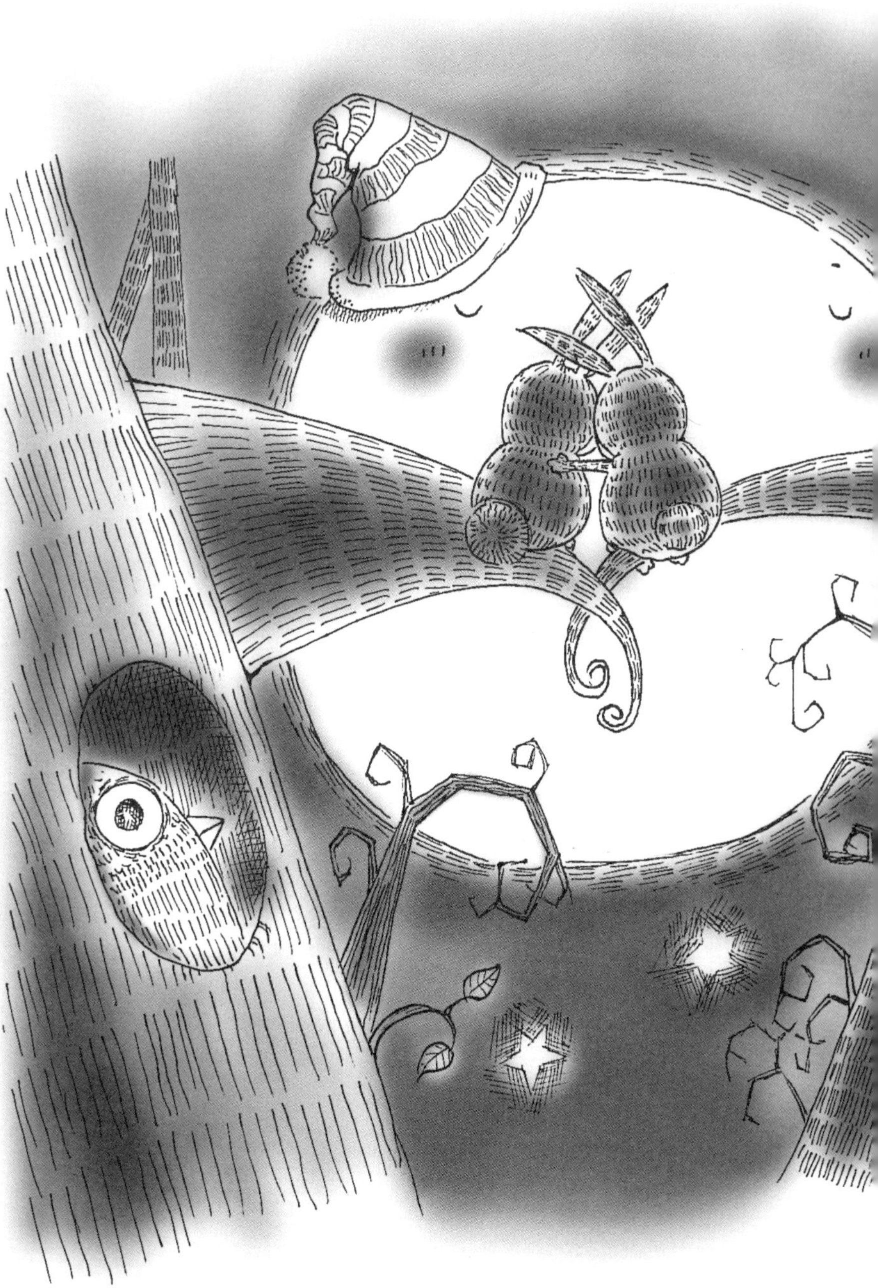

第19章　愛的真諦——因愛而得以完全

即使我們面對這許多人生的挫折與考驗，因為愛，我們就不會活在恐懼當中，一切都是因愛而得以完全。

小芳的丈夫自年輕時即是一貫道的忠實信仰者，由於一貫道乃綜合世界各民族主要的宗教教義融合而成，因此愛人與智慧修行是核心的教義內容。

由於小芳年輕時是一位頗有姿色的氣質美女，不幸年紀輕輕就患了精神分裂症，雖然病情在適當的醫療之後，仍然有殘餘的症狀，如輕微的認知功能障礙、社交與工作能力退化等。

與丈夫相遇的時候，正是她病情較穩定時。交往之後，丈夫也逐漸明白她過去的病史，他不僅沒有拂袖而去，反而願意用更多的愛來呵護她。於是他們順利地結婚、生子，婚姻生活雖然沒有太大波折，但是小芳的病情還是起起落落，由於病情多疑，使得她選擇與社會隔絕，生活之中只有丈夫及孩子，大部分的家事也由丈夫來完成。

在丈夫長期的愛心照顧之下，小芳的病情隨著年齡增長而逐漸穩定，雖然無法正常上班，但是從事家務及基本的社交生活已經能夠得心應手，孩子也逐漸成長茁壯。期間她還經歷孩子的嚴重叛逆期，但是在丈夫的耐心指導下，她也能夠克服與孩子相處的高度壓力，順利走過。

之後，丈夫因遭詐騙而陷入嚴重財務危機，甚至也深陷焦慮與憂鬱狀態，但是小芳反而堅強地陪伴丈夫接受持續的精神醫療，直到丈夫病情康復，回復正常的工作與生活步調。她表現得愈來愈堅強，甚至可以成為原生家庭堅強的精神支柱，協助照顧其他家人的健康，丈夫也是全心全力地幫助與鼓勵她。

這樣的平凡且永恆之愛，最是令人感動，雖然他們擁有的資源不多，但是堅定不渝的愛情與親情，讓他們也能順利度過各式各樣嚴重生活壓力與精神疾病的考驗，共同維持住幸福的生活，更顯得珍貴，也令人佩服不已。

幸福路上四大陷阱的解決之道

雖然經過之前長篇大論，可以明白人類想像力的四大類理性缺陷，的確會給人帶來許多的麻煩。

現實主義，讓人有「先入為主」的觀念，過分武斷、自我中心，經常阻礙同理心的建立，以致於造成人際間溝通的障礙，特別是「自戀性格障礙者」，如果沒有經過適當的心理治療，婚姻結局總是以家庭悲劇收場。

因此，**如何建立較為客觀的思考模式，學習同理心的溝通方式，並以謙卑的心多多請教別人的看法，耐心傾聽對方表達完整的意思，時時反省自己的言行，多探究事物的細節，不要太快把話說死，或太快就下結論**。一旦發現自己有錯，也能盡快承認與修正，讓自己越來越有看清完整面向（鳥瞰）的能力，不再如瞎子摸象的瞎子一般。

對於過去，如果能保有真實的日記（幸福日誌與負向情緒管理日誌）最好，因為這是比較接近真實的記載。也要珍惜與尊重自己的過去歷史，不管是苦、是樂，都是屬於自己生命的一部分，不要輕易否認、醜化或過度美化，讓歷史歸歷史。也要認真從歷史當中記取真正的教訓，不再「重蹈覆轍」，學習耶穌「愛你的敵人」這種精神，徹底寬恕，才能彌平歷史傷痕，建立新的人際倫理、社會價值觀與秩序。有機會甚至需要接受深度的心理治療，以阻斷重複陷入創傷的惡性循環。

對於未來，不要「短視近利」地將自己侷限在現有的能力與困境當中，要勇敢跨步前行。至於如何避免被詐騙，那就不要輕易讓自己陷入貪婪與恐懼的試鍊，一旦不小心中了惡人的計謀，也要謙卑地承認錯誤，讓身邊的人加入協助處理的行列，以免讓自己陷入一錯再錯的悲慘情境。

此外**還要有「勇於夢想」的能力，**只要對社會有貢獻、有意義的夢想，勇敢往前走，經過眾人（伯樂、恩人、天使）的幫忙，許多不可能的事都會成真。金恩博士做到了、歐巴馬做到了、超人李維做到了，我也曾經做到了。在苦難中，則是培養盼望能力的最佳機會，從信仰的角度，藉由對神的信心、永生的盼望，提升忍受痛苦的能力。從智慧的角度，則是就由受苦、永不放棄、最終成功克服萬難的過程，淬煉出人生智慧的光芒，也成為身邊親友的典範。

克服自欺欺人或合理化的功夫甚難，因為必須隨時保持在反省的狀態下，所謂「吾日三省吾身」，才能清楚認識自己，並且及時覺察自己所犯的錯誤。一旦犯錯，快速察覺之後，就應勇敢、坦白地承認錯誤，誠心悔改，祈求寬恕，讓一切可以重新來過。

平時也應該努力培養寬恕的文化，確認「人非聖賢，誰能無過」的人性，讓每個人對犯錯之後，能輕易認錯，從錯誤中學習，而不再以說謊、合理化來擴大問題的嚴重性與持續程度。悔改與寬恕同樣需要學習與大無畏的勇氣，都不是件容易的事，拋開完美主義者的束縛，讓我們互相扶持，互相勉勵。

簡單來說，克服先入為主的陷阱，需要學習同理心的技巧，以建立透視完整面向（鳥瞰）的能力；克服重蹈覆轍的陷阱，需要保持歷史真相、記取歷史教訓，且要有真正的寬恕，才有美好的未來；克服短視近利的陷阱，則要去除貪婪的慾望，並培養夢想與盼望的能力；至於克服自欺欺人的網羅，則有賴誠實面對錯誤、勇敢做出改變，透過心理治療的過程，更加認識自己的優缺點，以逆轉看似即將沉淪的命運。

幸福社區的典範

邁爾坎・葛拉威爾在其著作《異數》當中記載著「羅塞多之謎」——大意是說，在美國賓州的一個義大利移民所建立的小城鎮「羅塞多」，被一位醫師伍爾夫發現了幾個神奇的健康現象——

在羅塞多，六十五歲以下得心臟病的人幾乎是零；

・五十五歲以下的居民沒有人死於心臟病；

・六十五歲以上的居民，心臟病造成的死亡率是全美國居民的一半；

原來，幸福離我那麼近！

・這裡沒有人自殺，也沒有人酗酒或吸毒，犯罪率極低，甚至無人領取社會救濟金，這裡也沒有消化性潰瘍的病人，居民都很長壽。

心臟病、自殺、酗酒或吸毒、消化性潰瘍都與心理壓力息息相關。而心臟病的發生還與飲食及運動習慣有關。經過伍爾夫醫師加上社會學家布魯恩長期的研究發現，「羅塞多居民長壽之謎不在飲食，也不在運動、基因和居住地點。」

真正的答案在於——

「羅塞多的居民往來頻繁，在街上見面都會停下腳步用義大利語聊幾句，也常在後院煮東西和左右鄰舍分享。這個小城的社會結構緊密，幾乎都是幾個宗族的延伸，人人皆是親友；很多人家都是三代同堂，祖父母輩都受到兒孫的敬重。居民都去聖衣聖母院望彌撒，宗教不但使他們的心靈得到安寧，也使他們親如一家。伍爾夫和布魯恩仔細計數當地的民間社團組織，發現這裡的人口不到兩千人，卻有二十二個社團。這個小城尤其崇尚人人平等，富人不會炫耀自己的財富，而且樂於幫助貧苦的人。」

原來他們健康且長壽的秘密，就在於建立出強大且穩固的家庭、社會及文化結構，親情及友誼的凝聚力，讓他們足以抵抗現代社會生活的壓力，甚至克服文明病的纏擾。他們創造出屬於自己的世外桃源，並且在此守望相助、安居樂業。

這樣的世外桃源，也曾記載於陶淵明的桃花源記——

「晉太原中，武陵人，捕魚為業，緣溪行，忘路之遠近。忽逢桃花林，夾岸數百步，中無雜樹，芳草鮮美，落英繽紛，漁人甚異之；復前行，欲窮其林。林盡水源，便得一山。山有小口，彷彿若有光，便舍船，從口入。初極狹，纔通人；復行數十步，豁然開朗。土地平曠，屋舍儼然。有良田美池桑竹之屬，阡陌交通，雞犬相聞。其中往來種作，男女衣著，悉如外人；黃髮垂髫，并怡然自樂……」

陶淵明所描寫的桃花源，是一片人人都嚮往的人間樂土，和諧沒有紛爭、沒有心機或算計，每個人都怡然自樂，每個家庭都幸福美滿。其實，桃花源之美，不只環境之美，更是美在人心。因為人際關係中流動著溫暖愉悅與幸福之情，投射到環境的建造與維護，桃花源才得以保持原有的自然質樸與美麗景緻。

幸福會傳染

從羅塞多之謎與桃花源記的描述，就很明顯可以看出人際關係對幸福的貢獻。

原來，幸福離我那麼近！

近年來陸續有許多學者所發表的研究結果證實，在緊密的社群聯絡網當中，幸福是可以散播的，特別是親密的關係，如朋友、手足、夫妻、隔壁鄰居。因此距離幸福者身邊愈近的親友群，幸福的程度明顯比離幸福者愈遠的親友們較高。因著這些研究結果，研究者戲稱「幸福是會傳染的」。

既然幸福會傳染，那幸福的人就容易慷慨地將自己的快樂傳遞給身邊所有的人，如果本身幸福感不足的人也可以將生活圈往幸福者靠近，就有機會分享幸福者的光環，也更有機會過著幸福的日子。

如果幸福真會傳染，那傳染的途徑與媒介，想當然耳就是「愛」了。在本書第10章結論時，曾經提到「愛人與被愛」的持續循環，應該就是幸福最明顯的散播方式。

在愛人的過程當中，焦點是放在他人身上，給的力量就是正向的力量，給得出去表示內在的能量是充足的，對自己是有自信、有能耐。因此，在給的過程中也會展現給自己，肯定內心的富足，衍生的情緒則是愉快、喜悅，尤其當接受愛的人露出感恩的言行，那會是期待與高興的表情，也會把正向的能量傳回給施恩的人，這時候會覺得高興、快樂，也可能會帶來得意與興奮，甚至狂喜的感受。

當別人看到施恩的人如此慷慨的義行之後，也會給予當事人讚美、甚至是實質的贊助，於是正面的力量與關愛又傳回給施恩的人，如此就建立相當良性的循環。如果施恩的人，在奉獻的過程中，又能感受到上帝的恩典，那源源不絕的愛與喜樂泉源，使得這愛的能量更是源遠流長。藉由「愛人與被愛」的持續循環，這些環繞的正向能量能將當事人的情緒狀態維持在正向情緒光譜內，穩穩地鎖在幸福的氛圍當中。

藉由這美好的散播模式，就能將幸福不斷的向外傳遞，如果每個人都能懂得這些道理，並且身體力行，自然這個社會就會愈來愈美好，幸福指數也能逐步提升。

因愛而得以完全

「神就是愛；住在愛裡面的，就是住在神裡面，神也住在他裡面。這樣，愛在我們裡面得以完全，我們就可以在審判的日子坦然無懼。因為他如何，我們在這世上也如何。愛裡沒有懼怕；愛既完全，就把懼怕除去。因為懼怕裡含著刑罰，懼怕的人在愛裡未得完全。」──《約翰一書第四章第16-18節》

這段經文，揭示神就是愛，只要人們相愛，神就會與他們同在。雖然生命中有恐懼、死後有審判，但真愛在我們心中，如同神在我們心中一般，我們就會變得坦

原來，幸福離我那麼近！

然無懼，因為愛，讓我們的心靈與生命得以完全。

弗蘭克醫師能熬過集中營的摧殘，真正的關鍵，竟是對愛妻的思念：「整個心房不覺充滿妻的音容，我聽到她的答喚，看到她的笑靨和令人鼓舞的明朗神采。不論是夢是真，她的容顏在當時，比初升的旭日還要清朗……突然間，一個思潮使我呆住了。生平首遭，我領悟到眾多詩人所歌誦過、眾多思想家所宣揚過的大真理：『愛，是人類一切渴望的終極。』我又體悟到人間一切詩歌、思想、信念所揭露的一大奧秘：『人類的救贖，是經由愛而成於愛。』」

既然人性當中潛藏這許多慾望、不理性的思考與想像力，而外在的誘惑又是如此地多且吸引人，免不了地，我們果真會在這人生的旅途中踉踉蹌蹌，不是栽在誘惑的襲擊之下，就是因為慾望高張而掠奪別人的幸福，或是因一時的成就而自滿自大，以至於經常讓自己或別人落入不幸福的圈套當中。

因此，除非我們對這諸多的心理陷阱有清楚的認識，並努力學習去避開這些陷阱，否則要走向穩固的幸福之路，確實就像要走過荊棘滿佈的道路一般，渾身是傷，卻也到達不了彼岸。

另外一個方法，就是謙卑地承認，即使我們再怎麼聰明、有智慧、多努力地學習、多麼地靈智清明，我們總是會在生命的某些階段，就這樣跌倒了，甚至一蹶不振，很可能是在成長中的青少年期、退化當中的遲暮之年，甚或日正當中的巔峰歲月。

於是，我們需要與身邊有同樣體會的人，一起學習、互相扶持，跌倒並不可怕，掉入坑中也不畏懼，因為身邊有人會想盡辦法拯救我們出來，撫平我們的傷口。同樣的，我們也會努力去幫助其他陷落不幸福當中的朋友，順利地走出來。於是，即使我們面對這許多人生的挫折與考驗，因為愛，我們就不會活在恐懼當中，一切都是因愛而得以完全。

愛的真諦

「愛是恆久忍耐，又有恩慈；愛是不嫉妒，愛是不自誇，不張狂，不作害羞的事，不求自己的益處，不輕易發怒，不計算人的惡，不喜歡不義，只喜歡真理；凡事包容，凡事相信，凡事盼望，凡事忍耐。愛是永不止息。」──《聖經哥林多前書第十三章第1－8節》

從聖經對愛的描述，發現愛不僅是一種態度，更是一種行動，而且強調真愛是一種永不止息的承諾。針對愛的真諦，進一步分析之後，可以發現有六大特質，分別描述如下——

不自私

愛人最重要的態度，就是不以自我為中心，不會只求自己的益處，不會把愛的關係當成剝削他人權益的口號，不會說出這類的話語：「因為我愛你，所以你要這樣那樣對我好。」而自誇與張狂都是過度膨脹自己的態度，把自己看得太重要，以這樣的態度去面對自己的愛人時，通常就是操控與掌握的不平等關係下的產物。

不傷害

傷害與愛剛好是反向的，你不能一面虐待你的愛人，一面又說「因為我愛你，所以我才會這樣那樣對待你。」虐待孩子的父母親就常會說出這樣的謊言。有些情人的關係也是類似的模式，女方被不斷地虐待，但只要男方說出「我愛你」之類的甜言蜜語，就又捨不得地黏在一起，這種關係也可稱為「虐待與被虐待」關係，其實本質上沒有真愛可言。

因此愛人，最基本的條件，當然是不傷害，不會對所愛的人做出害羞的事，也不會做出傷天害理的事，更不會動不動就對所愛的人生氣。喜歡誠實與真理，不會輕易去欺騙所愛的人。

以所愛的人為中心（同理心）

愛人當然是要以符合所愛的人感受得到的方式來做才有意義，否則自認為愛人的舉動，卻往往對所愛的人造成不當的壓力。我們常常會聽到這類的話：「我這樣做對你最好，我認為你最需要的是……」我們也可能都是照自己的想法，就直接認為這是對方的需要。但是，如果你能多問對方幾句，**「你真正需要的是什麼？」「你的想法如何？」**可能就不會太過魯莽地行動，既達不到目的，又可能造成誤解。

以所愛的人為中心，其實就是同理心的表現，會去欣賞愛人的優點，不會嫉妒他的才能，而且能更多去了解愛人的想法，信任對方，而且會以樂觀的態度來看待對方，彼此鼓勵，並對未來抱持美好的盼望。

寬　恕

寬恕是愛人如己的具體表現，沒有人天生成熟，每個人總是有犯錯、檢討、成長的過程。於是相處久了，所愛的人必然會因為不成熟而做出對不起我們的事，同樣在我們自己的成熟過程中，也可能無意中會去傷害所愛的人。

因此，寬恕是一種態度，也是行動，在愛人的過程中，是必然需要的。要寬恕到什麼程度，耶穌曾說：「要原諒七十七個七次。」因此，聖經認定的標準為，凡事包容，凡事忍耐，甚至恆久忍耐，永不放棄。也只有不斷地經過「犯錯、認錯、寬恕、成長」的流程，相愛的關係才會愈來愈穩固。

行動

聖經用「恩慈」來表示愛人最直接表現就是行動，讓所愛的人直接感受得到的行動。關心的態度、體貼的心意、安慰、鼓勵、教導、勸勉、給禮物、協助，為所愛的人創造舒適的環境，營造美好的互動關係，主動去提供愛人所需要的一切事物。沒有行動的愛，只是空泛的口號。

永不止息

愛是一種承諾。以自我為中心的承諾，會在對方沒有利用價值之後，很快就消失無蹤。以所愛的人為中心的承諾，必然是無止境的，因為每個人都渴望一直被愛、呵護著。永不止息的承諾，接近是一種信仰，不一定需要什麼深奧的道理，因為我們每個人都需要。通常懂得永不止息的承諾者，他們必然也擁有永不止息愛的來源，這愛的力量可以單純來自你所愛的人，也可以來自永恆的上帝。

愛是一切問題的答案

本章主要論述「因愛而得以完全」，而聖經對「愛的真諦」所做的陳述當中，經歸納成上述六大特質，正好就是對治本書所強調諸多理性陷阱的良方。

不自私、以所愛的人為中心，都是同理心的表現，成為對治「先入為主」的良方。寬恕可以卸除心中的怨恨，避免「重蹈覆轍」的惡性創傷循環。寬恕的文化，也讓人勇於認錯，從錯誤中學習成長。而不傷害，則不需要找尋「自欺欺人」的藉口。永不止息與不離不棄的承諾，讓人對未來有幸福的夢想與盼望，不會「短視近利」而輕易放棄。

最後，這些良方都需要付諸實際的行動，所有理性陷阱所造成的危機，才能真正因愛而得以完全解除。因此，可以這樣結論地說：「愛是一切問題的答案。」

第20章　真愛的力量——關鍵時刻，給予最及時的激勵

這一切的成就都是因為支持他的妻子，在關鍵的時刻，給予最及時的激勵，保證永遠愛他，化成灰都要跟他在一起，不離不棄。

當代最著名的典範人物，最為人所樂道，甚至被拍成電影，以傳誦千古，首推《超人》影集——男主角李維‧克里斯多福，以及諾貝爾獎得主——約翰‧納許。他們兩人長年遭受嚴重的身心疾病摧殘，都是藉由妻子在背後默默地扶持、永不止息的關愛，才能不被厄運擊倒，並獲得非凡的成就，這種愛的力量，源源不絕、動人心弦，堪稱世人的典範。

此外，在我的心目中，朋友就是人生路上不斷幫忙點燈的人，讓我不至於迷失在茫茫的大海當中；十年前的一段奇遇，讓我對朋友愛的力量，有著深刻的體驗。

依然是我——李維．克里斯多福

「即使你化為灰燼，依然都是我心中最愛的男人——李維．克里斯多福，我會永遠與你在一起。」這句妻子黛娜所說的真心話，讓超人李維從自殺的邊緣走回來，重獲新生。

李維．克里斯多福於一九五二年出生，是美國知名的演員、製片家與作家，一九七八～一九八七年期間主演《超人》影集而聞名於世；不幸於一九九五年意外從馬背上摔下來而導致四肢癱瘓，從至高的星空墜落，難以承受生命極大的落差。因為這輩子再也不可能站起來走路，於是他對妻子表示想要放棄生命的念頭。

由於夫妻相愛不渝，於是黛娜對著他說：「這輩子我只會對你說一次這樣的話：『無論你想做甚麼，我都支持你，因為這是你自己的生命、自己的決定，但是我要你知道，即使你化為灰燼，依然都是我心中最愛的男人——李維．克里斯多福，我會永遠與你在一起。』」靠著妻子偉大的愛情力量，李維此後未再提起自殺的念頭，並且堅強地活下去，甚至發出比受傷前更為璀璨的光芒。

受傷數月後，李維．克里斯多福加入「美國癱瘓協會」，一年內接任會長，早期脊髓研究相當落後，傳統醫學領域也認為脊髓損傷者是無法治癒的。一九九〇年

代科學家開始挑戰這個醫學障礙，積極進行老鼠脊髓神經再生的研究即是最好的例子；而他熱心且全力為這類的尖端醫學研究募款。

一九九六年，李維和妻子成立基金會，第一年就將所募得七十五萬美金捐給「美國癱瘓協會」及改善生活品質的社福單位。二〇〇三年，該基金會又捐出七百四十萬美元給予神經科學研究，並捐出六十五萬美元給予改善生活品質的社福單位，他們夫妻表現出多麼豐富且善良的義舉。

由於他個人強大的意志、知名藝人的角色及渴望造福人類的熱情，鼓舞他不斷地和科學界溝通，了解新的醫療科技研究發展趨勢，如幹細胞再生技術，治療性複製及神經生長的分子機制等，因而順利成為美國推動神經醫學研究的最佳代言人。他甚至說服國會議員及一般大眾慷慨站出來，以具體行動支持這些造福人類的醫學研究。

他曾在一九九六年發表一段相當感人的聲明：「我們許多的夢想，一開始都被認為不可能，接著不像是會發生；然而一旦我們鼓起勇氣，一切將迎刃而解。由於我們都已經能征服外太空，更有機會征服內在的世界，即大腦未知領域，特別是中樞神經系統。」

他強調，投資醫學研究是相當具有成本效益的舉措。政府每年花數十億美元照顧脊髓受傷者的生活，一旦能在研究上出現重大突破，直接治癒這些病患，將會省下更多的成本支出。他的魅力與說服力相當強大，在不斷遊說國會議員之後，一九九八年美國國家衛生研究院的預算五年內因此增加了一倍，從一百二十億到超過二百七十億美元。這些都是他對贊助醫學研究領域卓著的貢獻。

他曾說：「我很幸運還有機會去做我喜歡做的事，我所得到的比失去的還更多。」早期曾有人問過李維：「英雄是什麼？」他總會說，「英雄是不計一切後果、勇敢行動的人。」但嚴重受傷之後，他重新定義「英雄」：「是在遇到無法抵抗的逆境時，能找到勇氣，繼續奮鬥、堅持下去的人。」對於一個身體健康的人，要勇敢行動，甚至冒險犯難，本非難事。但對於一個四肢癱瘓的人，能有勇氣好好活下去，就很不容易了。

李維．克里斯多福在他的自傳《依然是我》當中，藉個人復原的過程，剖析病程中的掙扎與成長。從一個無法自己呼吸與進食的垂死之人，到成為脊髓損傷者的知名代言人，他這樣形容自己：「一個人被困在黑暗的房間裡時，總是會想——出口在哪裡？只要能保持冷靜，慢慢地摸索，總會有抵達出口的時候。」

他藉由出版自傳《依然是我》，鼓舞了許多身心障礙者繼續奮鬥下去，不管他受傷前後是如何定義「英雄」，他都是世人心目中永遠的英雄，從螢光幕上的超

人，變成人世間真實的「超人」。

這一切的成就都是因為支持他的妻子，在關鍵的時刻給予最及時的激勵，保證永遠愛他，化成灰都要跟他在一起，不離不棄。而且在積極募款與任何演說的行程中，都陪在他身邊。如果說，意外造成四肢癱瘓是個令人難以忍受的悲劇與無奈，對個人與家庭造成難以磨滅的痛苦與困境，但只要家人能展現至死不渝、堅強支持的決心，這一切都會「因愛而得以完全」。

李維不幸於二〇〇四年十月辭世，享年五十二歲，而黛娜則於二〇〇六年因肺癌病逝，享年四十四歲。

克里斯多福・李維基金會現任總裁兼執行長路易斯女士這麼說：「世人將會永遠記得黛娜的熱情、堅毅和無盡的勇氣，這些特質已經成為她個人特殊的標記。她與夫婿李維以優雅的姿態和堅毅面對困境的精神，為全球數以百萬計脊椎損傷的病人們帶來無窮的希望。」

美麗境界——約翰．納許

二〇〇七年五月，我到美國參加「全美精神醫學會」，其中有一項意義深遠的重點演講，那就是約翰．納許教授公開對與會全世界數百名精神科醫師所發表的精闢演說，那是多麼動人的一刻啊！

一位深受精神分裂症折磨數十年的病人，竟然可以復原而且對著這些可能曾治療過他的精神科醫師們發表重要演說，他是如何做到的？

納許當天說：「嚴重精神疾病的存在是因為物種演化的結果，而且可能與物種調適的目的有關，特別是某些嚴重精神疾病，經常發生在各種領域的天才身上。……人類特別會深陷憂鬱或躁鬱症，可能與詩的主要成分有關。……人類基因突變現象正是預備著物種的演化，以有效面對與回應自然環境的挑戰。

這研究主題也已經出現在賽局理論當中，當物種參加重複的賽局，而且藉由一次又一次突變與提升的比賽能力，這樣物種就可能因而演化成更好的參賽者。……但是如果硬要說罹患精神疾病一定是人類心智功能演化的需求，雖然有可能，但也許還算是有待商榷的論斷。」

以上，這一段發人深省、有邏輯性、前瞻性的演說，出自一位歷經數十年痛苦折磨的精神分裂症患者口中，讓人對精神分裂症患者復原的希望，充滿興奮的期待。

納許的太太愛莉莎回憶著說：「我常想這是一種義務，有時候我會為自己想要離開他的念頭感到內疚，甚至我會對納許和上帝感到憤怒。但當我注視他，認真地想著他是我的情人，漸漸地，他真的就回到我之前一直深愛的人，而我也回到那個深愛他的人。」

如此真摯的深情，多麼感人肺腑、不離不棄的聲明，這是納許博士復原最重大的奧秘。

約翰納許於一九四七年進入普林斯頓大學數學系研究所就讀，對普林斯頓大學來說，這位絕頂聰明、但個性偏激的傑出青年，卻成為一位令人擔心的問題學生。他不但無法和同學正常相處，還時常翹課，他心中一直盤旋著一個信念：「發明出一個前所未有的理論，這是得到成功唯一的道路。」

雖然同學都譏笑他，希望見到他失敗的模樣，但反而更激發他無比旺盛的鬥志。有一天他們在酒吧閒聊，看到一名身材窈窕迷人的金髮美女，於是慫恿納許去追她，這個意外的舉動卻激發了他的靈感，使他發明一個原創性十足的突破性理論。後來他所寫的論文推翻了現代經濟學之父亞當史密斯一百五十年來牢不可破的經濟理論，從此也改變了他的一生。

納許以這篇論文得到在麻省理工學院的教職，由於當時正值美蘇冷戰時期，他希望能對美國有所貢獻。就在此時，校園出現一名情治人員（他的視幻覺對象），請他參與一項機密的解碼任務。他抓住機會全力投入這項任務，同時在校內邂逅一位美麗的女學生愛莉莎·賴德，她讓納許接觸到一個從來沒認真考慮過、卻對她一生造成深遠影響的信念，就是永不止息的愛情。

由於感情進展神速，他們很快就結婚。婚後，納許博士的機密任務也變得愈來愈危險，他完全沉迷在一個系統化、牢不可破的妄想世界，最後被診斷為「妄想型精神分裂症」。

之後，他開啟了長期與精神病抗爭的歷史，而妻子愛莉莎雖然飽受丈夫異常情緒與行為的折磨，卻始終牢牢地守在他的身邊，以她強韌無比的愛包容他的瘋狂行徑；經過長期的復發與治療歷史，出入精神病院數回。

最後雖然仍存在輕微的視幻覺，但此時納許已有十足的病識感，且能與幻覺和平共存，甚至重返普林斯頓大學教書，於一九九四年獲得諾貝爾獎。

他所原創的《賽局理論》則成為二十世紀最有影響力的理論之一，證明了他不只擁有一個絕頂聰明的腦袋，即使經歷長期精神病的折磨，在妻子真愛的呵護之下，雖然正值七十九歲高齡，還能保有一顆美麗的心靈（A Beautiful Mind）。

守護天使——朋友

「夜將來臨心靈暗淡時光，那一盞燈最早為你點亮……多麼幸運和你一起走，明天的天空因為有夢有朋友，心靈的翅膀才能飛得久。」在伍思凱美妙的歌聲中，讓我想起這段令人難以忘懷的往事。雖然我的個性極為內向，朋友不多，但是他們總會在關鍵的時刻出現，幫助我度過難關，完成另一個看似不可能的夢想。

十年前，由於對自己的工作前景有疑慮，而萌生轉換跑道的念頭。因為在當時工作的醫院當中，醫師的工作穩定性並不高，每年都會看到一大批舊醫師離去、另一批新醫師到來。會一直擔心，照這樣的汰換速度，總有輪到自己離去的時刻，而且時間可能不會太久。由於強烈渴望穩定的工作與居家環境，甚至期待自己能在一家醫院工作到退休，那該是多麼幸福的一件事。

「相信自己的直覺」這個念頭浮現在我的腦海當中，於是提起勇氣向當時工作的醫院遞出辭呈。由於遞出辭呈之後，還有三個月的時間才能離職，心想應該可以利用這段時間找到適合的工作機會。但是一通意外的電話打亂了我的未來計畫。

「我是你門診某位女病患的哥哥，你把我的妹妹醫得變嚴重了，你給我小心一點，我要讓你好看。你出門如果給我遇到，我就要讓你……」一位操台語口音的陌生男子這麼嗆著。

不知哪位女病患、如何變嚴重？既無法澄清，也無法改善或解決。不為取財，純粹恐嚇，教訓意味濃厚。當時確實讓我恐懼萬分，很怕受害，也擔心家人的安危。由於無法確定恐嚇來源，完全無法預防，除了向警方備案之外，只好向醫院提出立即離職需求。

透過學長的介紹，很快找到了中部縣市的醫院，簽了工作合約，也挑了宿舍，甚至帶孩子們到百年古校參觀，為轉學做好準備，一切重新出發。妻子雖然很不情願隨我搬到這麼陌生與相對落後的地區生活，嫁雞隨雞，也只能無奈地接受。

偕妻子到台北五股工業區買完傢俱，準備回宜蘭收拾行李搬家的途中，我現在工作的醫院高層卻突然直接打電話給我，希望我留下來繼續為宜蘭人服務，並且部分資助我出國進修一段時間。這通關鍵時刻的電話，讓我非常地掙扎，陷入長考當中。

原來，幸福離我那麼近！

心裏當然希望留在宜蘭工作，因為好山好水早已是全家心目中定居的好地方，而且這家醫院醫師的工作穩定度甚高，又提供不錯的工作條件，確實是我心目中的首選。只是，那通恐嚇電話的陰影仍在，而且與中部的醫院已經簽了工作合約。該如何決定？

於是在開車回宜蘭的途中，行經濱海公路時，我停下車，獨自走出車外，對著上天禱告（當時還不是基督徒），說：「如果要我留下來宜蘭工作是天意，那萬能的神啊，祢要讓我往後的一切都順利，讓我知道祢是真實的神！」

藉由這個禱告之後，我心中已經做了確切的決定，也取得妻子的同意，共同承擔這決定之後可能要面對的風風雨雨。我提起勇氣，順利地解除中部醫院的合約；心裡非常感謝，因為這是學長介紹的工作，學長的盛情招待和該醫院不追究的大恩大德，令我終身感激。

接下來為了讓家人安心，我保了非常高額的意外險，對可能繼續面臨的恐嚇做了準備。至於要如何在短時間內就出國進修，這難度就非常地大了。擔心自身美語能力不足，如何獨立申請美國的醫院進修，人生地不熟，就連如何搭飛機去美國，對當時的我來說，都非常地困難。但是，既然下定決心，就要全力以赴。

經過網路搜尋的結果，我最想申請到美國巴爾的摩約翰霍普金斯醫院的社區精神醫療部門進修，這家醫院在當時是全美國醫療服務水準第一名的醫院，自知要申請通過的難度很高。適時出現一位友人，在她的引介之下，得到了國際知名學者的推薦信函，這是很重要的第一關。再來就是得克服如何前往美國與申請該醫院的進修許可。

在這個關鍵時刻，出現了一個不可思議的奇蹟，那就是我小時候跟讀的那位鄰居大哥出現了，十幾年沒連絡了，就這麼神奇地冒了出來。巧合的是，當時他剛好要前往美國進行訪問研究一段時間，於是我就這麼幸運地找到通往美國的捷徑。到達美國之後，還是由他協助連絡醫院所有進修的細節，順利地進入約翰霍普金斯醫院進修。在Primm及Breakey兩位教授的耐心指導下，順利完成進修過程。

回國之後，我還將他們的經典之作《現代社區精神醫療》（Integrated Mental Health Services；心理出版社），譯成中文在台灣發行。在美國進修期間，大哥也擴展我的視野，讓我很快適應紐約、紐澤西、巴爾的摩的生活環境，甚至指導我如何隻身前往華盛頓特區、多倫多等地旅遊。全能的上帝，派了友人、知名學者、小時候鄰居大哥、Primm及Breakey等天使們，護衛我順利完成了驚奇的美國進修之旅。

學成歸國之後，依約來到現在的醫院工作，至今也已超過十年，非常符合我當初來到這家醫院的期待。我很認真地工作，服務品質與業績還算不錯，沒有辜負醫

院對我的期望。重要的是，恐嚇與威脅的電話沒有再出現過。

我非常珍惜這段特殊的經歷，也很感謝這段過程當中，所有白天使們的細心護衛。當然，我也非常感謝那些曾經對我造成心理傷害的黑天使們，謝謝他們為我鋪陳磨練心志的環境，讓我有機會藉由禱告與眾多好朋友的協助，來突破這重重的難關，並因此認識了這位真實存在、萬能的神。

第21章　學幸福・幸福學——讓自己走在幸福的道路上

「雅比斯求告以色列的神說：『甚願你賜福與我、擴張我的境界、常與我同在、保佑我不遭患難、不受艱苦。』神就應允他所求的。」——《聖經》

由於成長在艱困、創傷與卑微的家庭，若非母親堅忍、犧牲與永不放棄的精神，我是不可能順利走過求學生涯。但是幸福對當時的我來說，是奢求、也是內心深處的渴望。然而，不幸福的家庭，對一個孩子造成的影響，除了激發奮鬥與上進心之外，卻也留下了些許性格上的陰影，情緒不穩、自卑、感情上的多變，掌握不住幸福的節奏，或可以說，是因為陌生而無法體會或維護幸福的真義。

直到醫學系七年級，接近適婚年齡時，才開始領略到，靠自己的力量，無法真正走入且守住幸福的道路。於是，在當時所做的兩個重要決定，到現在都還有深遠的影響。一是設定擇偶的條件；二為選擇精神科成為未來的醫學專業，把握另一個自我拯救的可能。

當時所設定擇偶的條件有三：1.長相適當、順眼；2.性格要成熟且有彈性；3.

原來，幸福離我那麼近！

女方的父母必須過得幸福，且有共同的生活興趣。

第一個條件並不特別；第二個條件的設定，相對於自己不夠成熟且不穩定的性格，希望找到可以學習的親密夥伴，並且協助我能穩定成長，而當時我所謂彈性的意思是指懂得認錯、並能自省改變且持續成長；第三個條件的設定，相對於自己過去的不美滿家庭，希望讓我能夠感受幸福家庭的真實意境，並且幸福家庭所教養出來的女兒必然因耳濡目染，能充分領略幸福的真義，相對保證性格的成熟。在這些條件的設定之下，很快就找到現在的妻子。

結婚至今將近二十年，內人的成熟性格及岳父母的幸福人生果然經得起歲月的考驗，特別是對我不穩定性格的包容與永不止息的愛，加上專業心理學對情緒管理的磨練與信仰對幸福的教導，而得以順利走過各階段的家庭考驗，讓我的性格逐漸沉穩下來。如今才得以真正體會並享受真實且持久幸福的滋味，並以真實的經驗與體會寫下這本啟示現代人的幸福書。

幸福的來源與學習場域，必然是從家庭出發。當原生家庭幸福經驗學習不足時，透過謹慎的婚姻選擇，於再生家庭獲得重新磨練與成長的機會。如今，順利走過人生發展的各種階段之後，讓我更加珍惜與肯定家庭的價值。

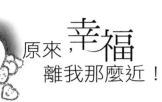

許自己一個幸福的願望

讀到這裡，代表快要完成幸福的學習之旅，也顯示出你的耐心，與對幸福的渴望。生命的意義在於追求幸福，而幸福的秘密隱藏在被愛與愛人的良性循環當中。幸福是一種美好的情緒狀態，也是一種可以學習的能力。

讀完這本書，除了可以使用塞利格曼教授所建議的心理處方來學習創造與維持幸福之外，也可以清楚學到實用的負向情緒管理妙方。此外，藉由靈性典範的學習，可以確認謙卑、智慧、善良與愛人，是幸福的根基。

如果能夠清楚認識吉伯特教授所提阻礙幸福的四大理性陷阱，並且學習本書所介紹的諸多克服幸福障礙的對治方案，相信就更有機會能夠平穩地踏上幸福的旅程。

從第十九章愛的真諦所做的介紹，我們也清楚地了解，幸福旅程當中很可能會出現許多難以預料的逆境，因此平時就該努力經營親密關係，甚至是友誼，因為這些親友們會成為幸福旅程當中的守護天使，幫助我們度過重重的難關，一切都會因愛而得以完全。

聖經裡面有一段非常特別且美好的禱告詞：「雅比斯比他眾弟兄更尊貴，他

母親給他起名叫雅比斯，意思說：『我生他甚是痛苦』。雅比斯求告以色列的神說：『甚願你賜福與我、擴張我的境界、常與我同在、保佑我不遭患難、不受艱苦。』神就應允他所求的。」——《聖經歷代誌上第四章第9-10節》

因此，我們也可以學習雅比斯的禱告——

・**「甚願你賜福與我」**——我衷心盼望祢能把幸福賜給我。

・**「擴張我的境界」**——讓我有夢想、有盼望，不會短視近利。

・**「保佑我不遭患難、不受艱苦」**——賜我充足的智慧，讓我學會同理心，代替先入為主的偏見；學會寬恕，避免陷入重蹈覆轍的循環；學習節制慾望，避免陷入誘惑；學會勇於認錯，而避免自欺欺人的試探。讓我順利地走在幸福的坦途，不遭患難、不受艱苦。

・**「常與我同在」**——我更盼望祢能常與我同在，讓我享有充足的愛，並且學會愛人如己。

參考書目

*《一生要讀的120首詩歌》，徐漢林教授◎編譯，德威國際文化。

*《去過天堂90分鐘》，唐・派普◎著，究竟。

*《解剖自殺心靈》，愛德溫・史奈曼◎著，張老師文化。

*《給山姆的信》，丹尼爾・戈特理布◎著，商周。

*《愈感恩，愈富足》，羅伯・艾曼斯◎著，張老師文化。

*《活出意義來》，維克多・弗蘭克◎著，光啟文化。

*《慢活》，卡爾・歐諾黑◎著，大塊文化。

*《德蘭修女-來作我的光》，布賴恩・克洛迪舒克◎著，心靈工坊。

*《人為什麼而活》，托爾斯泰◎著，志文。

*《戰爭與和平》，托爾斯泰◎著。草嬰譯。木馬文化。

*《杜斯妥也夫斯基福音書》，杜斯妥也夫斯基◎著，商周。

*《快樂學》，馬修・李卡德◎著，天下文化。

*《雪中足跡》聖嚴法師◎著，三采文化。

*《卡羅・歐巴尼醫師傳奇—最先發現SARS病毒並為之捐軀的傑出醫師》，貝美穗◎著，望春風文化。

*《醫學的愛》（上），陳永興◎著，望春風文化。

*《快樂為什麼不幸福》，丹尼爾・吉伯特◎著，時報文化。

*《愛之語 兩性溝通的雙贏策略》，蓋瑞・巧門◎著，中國主日學協會。

＊《小屋》，威廉·保羅·楊◎著，寂寞。
＊《英詩漢譯集》，楊牧◎編譯，洪範。
＊《心靈之旅八十天》，陳政仁◎著。張老師文化。
＊《解開現代人的心結》，郭峰志◎著，健行。
＊《走出憂鬱王國》，郭峰志◎著，健行。
＊《現代社區精神醫療》，William R. Breakey編著，心理。
＊《寬恕，選擇幸福的人生》，羅伯·恩萊特◎著，道聲。
＊《同理心的力量》，亞瑟·喬拉米卡利、凱薩琳·柯茜◎著，麥田。
＊《讓天賦自由》，肯·羅賓森、盧·亞若卡尼◎著，天下文化。
＊《沒有寬恕，就沒有未來》，德斯蒙德·屠圖◎著。左岸文化。
＊《依然是我》，克里斯多夫·李維◎著，天下文化。
＊《美麗境界》，西爾維雅·娜薩◎著，時報文化。
＊《真實的快樂》，Martin E.T. Seligman◎著，遠流。
＊《幸運的配方：人不是生而幸運，人創造幸運》，Richard Wiseman◎著，大塊文化。
＊《奇蹟》，泰勒◎著，天下文化。
＊《異數》，麥爾坎·葛拉威爾◎著，時報文化。
＊《不斷幸福論》，史塔恩·柯萊恩◎著，大塊文化。

悅讀健康系列 HD3067X

原來，幸福離我那麼近！【修訂版】

作　者　郭約瑟
選　書　林小鈴
責任編輯　楊雅馨

業務副理　羅越華
行銷主任　高嘉吟
行銷副理　王維君
總 編 輯　林小鈴
發 行 人　何飛鵬
出　版　原水文化
台北市民生東路二段141號8樓
電話：（02）2500-7008　傳真：（02）2502-7676
網址：http://citeh2o.pixnet.net/blog
E-mail：H2O@cite.com.tw
發　行　英屬蓋曼群島商家庭傳媒股份有限公司城邦分公司
台北市中山區民生東路二段141號2樓
書虫客服服務專線：02-25007718；25007719
24小時傳真專線：02-25001990；25001991
服務時間：週一至週五9:30～12:00；13:30～17:00
讀者服務信箱E-mail：service@readingclub.com.tw
劃撥帳號／19863813；戶名：書虫股份有限公司
香港發行　香港灣仔駱克道193號東超商業中心1樓
電話：852-25086231　傳真：852-25789337
電郵：hkcite@biznetvigator.com
馬新發行　城邦（馬新）出版集團
41, Jalan Radin Anum, Bandar Baru Sri Petaling,
57000 Kuala Lumpur, Malaysia.
電話：(603) 90578822　傳真：(603) 90576622
電郵：cite@cite.com.my

封面設計　徐璽
插　畫　盧宏烈
內頁排版　木可設計工作室
製版印刷　卡樂彩色製版印刷有限公司
初版一刷　2010年8月17日（1～4,000本）
修訂一版　2012年11月15日
定　價　250元
ISBN　978-986-6379-89-5

國家圖書館出版品預行編目資料

原來，幸福離我那麼近！ / 郭約瑟著.
-- 修訂一版. -- 臺北市：原水文化出版：
家庭傳媒城邦分公司發行, 2012.11
面；　公分. -- (悅讀健康系列；HD3067X)
ISBN 978-986-6379-89-5(平裝)

1.自我實現 2.幸福 3.生活指導

177.2　　101019461

郭孟芙／繪圖